T0366657

El derecho en español

El derecho en español

Terminología y habilidades jurídicas para un ejercicio legal exitoso

Katia Fach Gómez

University of Texas Press
Austin

Disclaimer: Katia Fach Gómez recently has been appointed as national expert at the European Research Council. The views expressed in this book are purely those of the writer and may not in any circumstances be regarded as stating an official position of the European Commission.

Copyright © 2014 by the University of Texas Press
All rights reserved
Printed in the United States of America
First edition, 2014

Requests for permission to reproduce material from this work should be sent to:
    Permissions
    University of Texas Press
    P.O. Box 7819
    Austin, TX 78713-7819
    http://utpress.utexas.edu/index.php/rp-form

Se agradecen comentarios u observaciones a este trabajo, que pueden remitirse a katiafachgomez@gmail.com.

Comments regarding this work are welcome and may be sent to katiafachgomez@gmail.com.

♾ The paper used in this book meets the minimum requirements of ANSI/NISO Z39.48-1992 (R1997) (Permanence of Paper).

Library of Congress Cataloging-in-Publication Data
Fach Gómez, Katia
    El derecho en español : terminología y habilidades jurídicas para un ejercicio legal exitoso / by Katia Fach Gómez. — First edition.
      pages   cm
    ISBN: 978-0-292-75653-3 (pbk. : alk. paper)
    1. Law—Latin America—Examinations, questions, etc.
2. Law—Spain—Examinations, questions, etc.
KG97.F33   2014
349.8

                                               2013029531

doi:10.7560/756533

Dedicado a Ana María y a Inés,
porque cada día me hacen sentir amor incondicional.

Índice

Prefacio

Me complace prologar este libro por varias razones. La primera de ellas es el impacto que ha de tener en su variada y difusa audiencia; otra razón, no menos importante, es la calidad pedagógica de este manual y su interés para los estudios de derecho comparado; y en tercer lugar incluyo el placer de ver coronada una labor paciente y talentosa de la profesora Katia Fach Gómez.

No es fácil identificar con precisión a quién está dirigido este libro, ya que el dominio del español jurídico puede ser de provecho tanto para un funcionario público que se encuentra en la necesidad de descubrir el significado de una palabra, frase o expresión idiomática (de relevancia para determinar la imposición de un impuesto, pena o sanción administrativa); o bien un estudiante de derecho que desea ampliar sus conocimientos en derecho de algún país hispanoparlante, ya sea por sí mismo o con la ayuda de un curso para el que este libro puede servir de excelente manual de enseñanza; o bien satisfacer el interés de un estudiante del derecho comparado que persigue una mejor comprensión de los ordenamientos jurídicos de los países de América Latina o España. Cualquiera fuera el apreciado lector a quien dirijo estas palabras de introducción, lo hago complacido por conocer de cerca la trayectoria profesional de la autora, como también la utilidad que puede brindar esta obra.

Hace ya varios años que la Facultad de Derecho de Columbia University decidió sabiamente estimular los estudios de derecho internacional, extranjero y comparado no solamente reconociendo puntaje académico a aquellos estudiantes que decidieran abordar el estudio de un idioma extranjero (de por sí menos frecuentado por estudiantes norteamericanos que de otros países), sino ofreciendo cursos de introducción al derecho de otros países dictados en el idioma vernáculo. Así fue cómo por varios años dicté cursos de introducción a los ordenamientos jurídicos de Iberoamérica en idioma español, contando con un buen número de estudiantes de derecho con un nivel intermedio de conocimiento del idioma pero sin familiaridad alguna con textos jurídicos, análisis de disposiciones normativas o lectura de jurisprudencia.

Conocí a la profesora Fach Gómez en oportunidad de su estadía como *visiting scholar* en la Facultad de Derecho de Columbia University y tuve el placer, años después, de visitar y participar en sus cursos de español jurídico dictados en Fordham University. Este libro es un fruto de la experiencia recogida en esos cursos, como así también de las investigaciones de la autora en el derecho internacional privado, el derecho comparado y el derecho comercial internacional.

No es por cierto el primer libro sobre español jurídico, pero creo que es el primero que combina de una manera creativa y provechosamente pragmática el estudio del derecho comparado con el aprendizaje avanzado de un lenguaje jurídico. Este objetivo lo logra la autora mediante una serie de ejercicios que le permite al lector, con un conocimiento intermedio del idioma español, construir un vocabulario jurídico y una familiaridad con diversas disciplinas jurídicas (ya sea derecho de los contratos, derecho penal o administrativo, como sus diversos procedimientos) en el idioma de un ordenamiento jurídico en particular. Guardo la esperanza de que este método de enseñanza de un lenguaje y vocabulario jurídico sea emulado por otros autores que persigan una mejor comprensión del derecho extranjero y comparado.

Profesor Alejandro M. Garro, Columbia University
París, Francia, 16 de febrero, 2013

Prólogo y agradecimientos

El español es actualmente el segundo idioma con más difusión a nivel mundial y la importancia de este idioma es muy evidente en países como Estados Unidos. Tomando como ejemplo esta nación, en ella residen y trabajan hoy en día un gran número de personas en las que confluyen las dos características siguientes: por un lado, estas personas han tenido o tendrán nociones jurídicas propias del *common law*, pero trabajan o desean trabajar en un ámbito legal que cada vez es más globalizado y en el que el *civil law* también desempeña un papel relevante. Por otro lado, estas personas tienen nociones del idioma español porque lo estudiaron en la escuela o han residido en países hispanoparlantes, algún familiar cercano tiene el español como lengua materna o incluso ellos mismos han crecido oyendo el español en un registro coloquial. Sin embargo, estas nociones lingüísticas no son suficientes para que se hallen cómodos manejando un lenguaje tan técnico y especializado como es el español jurídico.

Para todo aquel que se sienta identificado con el perfil recién presentado, el libro *El derecho en español* le va a ser de gran utilidad, ya que permite mejorar considerablemente las capacidades jurídicas y lingüísticas de quien lo utilice. Los ejercicios que en él se contienen han sido cuidadosamente diseñados desde una perspectiva pedagógica, con el objeto de ayudar a potenciar las habilidades lectoras y auditivas de los usuarios, así como su expresión escrita y oral.

Para conseguir dichos objetivos, el libro se presenta estructurado en diez capítulos, ofreciendo todos ellos —salvo el último— un mismo formato conformado por cinco ejercicios. Cada capítulo —salvo el primero y el último— está dedicado a una específica rama del derecho y en él se trabaja tanto el español legal de Latinoamérica como el de España.

Se trata de una obra monolingüe, dirigida a quienes tengan un nivel medio de español. Aunque es preferible poseer también unos conocimientos jurídicos básicos, se estima que este libro puede ser también el aliciente perfecto para hacer que un lego en el derecho se adentre en el estudio de esta materia. El libro puede ser utilizado como manual para clases impartidas en colegios, universidades, escuelas de idiomas y academias especializadas en preparación de oposiciones. Asimismo, el libro puede ser utilizado como herramienta de autoaprendizaje por todo aquel que desee mejorar su español jurídico y de esta forma poder cumplir exitosamente con sus aspiraciones personales y laborales (abogados, *paralegals*, traductores, intérpretes, funcionarios públicos, profesores, *entrepreneurs*, trabajadores en organizaciones no gubernamentales u organizaciones internacionales vinculadas con Latinoamérica o España, etc.). Resulta indiscutible que los intercambios comerciales con Latinoamérica y España generan un gran volumen de negocio, de la misma forma que en muchos países los inmigrantes hispanoparlantes requieren y seguirán requiriendo gran cantidad y variedad de servicios jurídicos. Por ello, potenciar de forma combinada las capacidades jurídicas y lingüísticas en español es sinónimo de un mejor posicionamiento en un mercado laboral que cada vez con más frecuencia demanda el perfil profesional que aspiran alcanzar los lectores de este libro.

Este libro trae su origen en las clases impartidas por la autora en Fordham Law School (Nueva York) durante los años 2010 y 2011. El perfil de los—fantásticos—estudiantes que se matricularon en mi disciplina me hizo comprender que un libro como éste podía ser de gran utilidad para muchas personas. Por ello, le estoy muy agradecida a Toni M. Fine, Assistant Dean for International and Non-J.D. Programs, por contagiarme su irrefrenable ilusión por el proyecto. Asimismo, gracias a Sheila Foster, Associate Dean for Academic Affairs, por atenderme con tremenda eficacia y apoyar mis iniciativas. Cerrando la terna femenina, gracias también a Cynthia Juco, Esq., Senior Counselor, por confiar en mí y tratarme siempre con elegancia. Por último, mi más sincero agradecimiento a Profesor Alejandro Garro, porque sin su apoyo, en éste y en muchos otros proyectos, nunca me habría atrevido a pensar que podía ser capaz de volar.

Katia Fach Gómez

Introducción

Cómo usar este libro

Como se ha indicado, los capítulos 1 a 9 de este libro están confor-
mados por cinco tipos de ejercicios. Estos ejercicios le permiten al
alumno un aprendizaje progresivo, ya que conforme se va avan-
zando en el análisis del capítulo el usuario se va capacitando para
afrontar actividades de creciente complejidad jurídica y lingüística.
El Ejercicio 1 es el punto de partida de cada uno de los capítulos. Los
abundantes términos jurídicos que se recogen en esta actividad inicial constituyen palabras claves del ámbito jurídico a que se dedica
cada capítulo. Las actividades que caben realizar con dicho vocabulario son muy variadas y pueden llevarse a cabo tanto desde el contexto escrito como desde el oral. Así, se puede pedir al alumno que
explique el significado de los términos que conozca y/o busque e in-
teriorice el significado de los términos que desconozca; se le puede
requerir que incorpore las palabras del listado a un contexto, escri-
biendo frases con ellas y/o elabore redacciones que contengan un determinado número de estas palabras; la actividad también puede
centrarse en que el estudiante descubra algunas palabras que sólo se
usan en el contexto latinoamericano u otras que son típicas de España o que esa lista inicial se aumente aportando sinóminos y/o an-
tónimos, sustantivando un verbo o "verbalizando" un sustantivo. El
nivel de dificultad del Ejercicio 1 depende en gran medida del profesor o del propio estudiante que use este libro como mecanismo de
autoaprendizaje. Ellos son los encargados de precisar una multiplicidad de factores: si se revisan todos los términos del listado o sólo
parte de ellos; cuántas palabras del Ejercicio 1 se requiere que se in-
corporen a cada redacción o diálogo; qué tiempo se otorga a la realización del ejercicio, si éste se realiza en clase o como trabajo previo

a la clase presencial, etc. Los conocimientos previos del estudiante son obviamente otra variable que aporta más relatividad a esta cuestión. No obstante, teniendo en cuenta todos estos parámetros, se sugiere que el Ejercicio 1 no "desborde" al alumno pero que al mismo tiempo le de un sustrato suficiente para poder afrontar con éxito los ejercicios venideros.

Una vez que se conoce el vocabulario básico en la materia y se han realizado unos primeros esfuerzos contextualizadores, es necesario que el usuario avance en el conocimiento jurídico y lingüístico de cada área del derecho. Para ello, los Ejercicios 2 y 3 ofrecen un mayor contexto operacional. De forma consciente, en estos ejercicios de rellenado de huecos y conformación de frases, se mezcla vocabulario procedente del Ejercicio 1 con vocabulario nuevo que se desea que el alumno conozca. Si estos ejercicios pueden calificarse de nivel de dificultad medio, los Ejercicios 4 y 5 por su parte aportan un nivel de dificultad medio-alto. En ellos, la lectura de textos jurídicos en español y la resolución posterior de cuestionarios tipo *test* de opción múltiple o verdadero/falso requieren del alumno un mayor conocimiento de la materia y al mismo tiempo son el mecanismo perfecto para que los estudiantes realicen sus primeras incursiones en el derecho comparado. Como se ha indicado en el prólogo, gran parte de los usuarios de este libro proceden de un país con una tradición jurídica distinta a la imperante en Latinoamérica y España. Por ello, el aprendizaje contextualizado de términos y expresiones legales les va a conducir de forma natural a la comprensión de las distinciones imperantes entre sistemas jurídicos. Si el libro se utiliza en un aula, el profesor puede, al hilo de la resolución de los ejercicios, ilustrar a la clase con explicaciones de carácter más teórico sobre la materia objeto de estudio. Si se acude al libro como herramienta de autoaprendizaje, el usuario puede acudir a una pluralidad de recursos (manuales, monografías, artículos, bases de datos, etc.) para profundizar en el análisis de las cuestiones jurídicas que se le vayan planteando al ir resolviendo los ejercicios de *El derecho en español*.

Este libro también ofrece el capítulo 10, en el que se propone un análisis jurídico de varias películas de cine. Los ejercicios que en él se sugieren pueden servir tanto para fomentar los debates grupales, el *role playing* y las presentaciones orales individuales en clase como también para ofrecer abundantes temas jurídicos respecto de los cuales los alumnos pueden elaborar redacciones más extensas o trabajos escritos de fin de curso. Tampoco puede obviarse el positivo efecto que va a tener sobre los estudiantes la escucha de distintos acentos y giros lingüísticos procedentes de diversos países. Por último, el libro concluye con un apéndice en el que se recogen las respuestas correctas a todos los ejercicios planteados. Ello es de gran utilidad, tanto si el libro se utiliza como manual de clase como si se emplea en la modalidad de autoaprendizaje.

El derecho en español

Capítulo 1

En la universidad y en la profesión legal

Ejercicio 1

abogado de empresa
áreas de práctica
artículo
asesoramiento
asesor jurídico
asignatura anual
asignatura optativa/electiva
asignatura semestral
asignatura troncal/obligatoria
asociado
aula/clase
automatrícula
baja paternal/maternal
beca Erasmus o beca
    Americampus
beca Fundación Carolina
beca por bajos ingresos
beca por méritos
bedelato
biblioteca
calendario académico
calificaciones
campus virtual
catedrático
clase práctica

clase teórica/magistral
colegiarse
competencias/habilidades
conciliación laboral
concurso-oposición
conferenciante
consejero
conversatorio
criterios de evaluación
cuota
currículum vitae
curso *online* masivo y abierto
deberes/tareas
decano
delegación de estudiantes
delegado de clase
departamento
desempleado/parado
despacho/buffete/bufet
doble licenciatura
doctorado
educación superior
empresa de trabajo temporal
    (ETT)
escuela de práctica jurídica

Espacio Europeo de Educación Superior
especialización
estancia de investigación
estrado/palestra
estudio de tercer ciclo
evaluación continuada
examen de acceso
examen final o parcial
examen oral
examen teórico o práctico
excedencia
expediente académico
experiencia laboral
externalizar
facultad
fiscal
formación avanzada
formación continua
funcionario
generación ni-ni
Ilustre Colegio de Abogados
inserción laboral
juez
jurista
letrado
licenciado/egresado/graduado
licenciatura en derecho/grado
malla curricular
masificación
máster
matricula condicional
matrícula de honor/sobresaliente/notable/aprobado/suspenso

matrícula/tasa académica
media académica
media jornada
mercado laboral
mileurista
monografía
notario
obra colectiva
oposición
oratoria
órgano colegiado
pasante/pasantía
perfil profesional
práctica no remunerada
practicum
precariedad laboral
pregrado o posgrado
prestación por desempleo
profesor titular o ayudante o asociado
recensión
rector
recursos humanos (RRHH)
registrador de la propiedad
reprografía
SEPE (Servicio Público de Empleo Estatal)
socio
tasa de desempleo
tiempo completo
toga
trabajo en equipo
tuna
universidad a distancia
universidad pública

Ejercicio 2

Lea los siguientes currículums e incorpore en ellos las palabras que se enumeran a continuación:

asesoría, docencia, egresó, nómina, colegio, directorio, filantrópicas, escribano, Seguridad Social, ejercicio, panelista

1. Carlos Rodríguez

Formación profesional:
Abogado. Universidad Nacional de Buenos Aires, Facultad de Derecho. Año 1979.

Otros títulos:
_____. Universidad Nacional de Buenos Aires.
Abogado especializado en _____
jurídica de empresas. Universidad Nacional de Buenos Aires.

Especialidad:
Derecho del trabajo y de la _____.

Experiencia profesional:
Martínez de Cáceres & Asociados. Abogado socio consultor.

_____:
Profesor regular de derecho laboral de la Universidad Nacional de Buenos Aires.

Miembro:
_____ Público de Abogados de Buenos Aires.

Publicaciones:
Varias en revistas especializadas.

Idiomas:
Español, francés e inglés.

2. Julio Ramos es el actual socio principal de Ramos y Asociados. Su _____ está centrado en asuntos corporativos, comerciales y societarios, adquisiciones, fusiones, financiamiento de proyectos y arbitraje comercial internacional. Es miembro del _____ de varias sociedades anónimas abiertas chilenas y miembro de la _____ de árbitros del Centro de Arbitraje de la Cámara de Comercio de Santiago de Chile.

El señor Ramos ha sido profesor de derecho económico en la Escuela de Derecho de la Universidad Católica de Chile y autor de abundantes artículos jurídicos. Además es _____ frecuente en seminarios legales y conferencias dentro de Chile y también en el exterior.

El señor Ramos ha destinado una parte relevante de su tiempo a obras _____ y actividades *pro bono*. Actualmente es director de la Corporación del Patrimonio Cultural. En 2005, la revista *IntLatinLawyer* lo seleccionó como Abogado Líder.

Se graduó en la Escuela de Derecho de la Universidad Católica de Chile, de la que _____ como el mejor de su promoción en 1969, recibiendo, entre otros, el premio Montezuma. Fue becario Fulbright en la New York University School of Law, donde cursó un máster en derecho comparado.

Ejercicio 3

Las siguientes frases han sido fraccionadas en dos partes. Conéctelas de nuevo entre sí para que tengan sentido.

1. El objetivo de la sala de tesis es mantener, conservar y prestar el servicio de todos los materiales bibliográficos disponibles para el préstamo interno…

2. La universidad ofrece a sus estudiantes y profesores la posibilidad de hacer intercambio en otras universidades nacionales y extranjeras…

3. La Corte Suprema de Justicia está integrada por veintitrés magistrados...

4. La firma fue fundada en la década de los años cincuenta del pasado siglo...

5. Un abogado debe desarrollar la capacidad de argumentación para defender los intereses y derechos de las personas a quienes representa y ...

6. La postulación a esta universidad debe realizarla en los tres días hábiles que especifica la normativa universitaria, ...

7. La sólida posición de liderazgo del despacho solo es posible...

8. Realizar estudios jurídicos en la universidad...

    A) ...para contribuir con su formación académica y profesional, así como para promover la investigación.

    B) ...ingresando por orden de prioridad la carrera y universidad en la que quiere estudiar.

    C) ...cultivar la capacidad de reflexión respecto a las diversas instituciones del sistema jurídico e imprimir lealtad, diligencia y transparencia en sus diversas actuaciones.

    D) ..., tales como las tesis, publicaciones periódicas, publicaciones oficiales y las obras de referencia.

    E) ...elegidos por la misma corporación de listas conformadas por el Consejo Superior de la Judicatura para periodos individuales de ocho años.

    F) ..., contando en la actualidad con más de setecientos abogados repartidos en dieciséis oficinas situadas en las más importantes plazas financieras de Europa, América y Asia.

    G) ...gracias al esfuerzo de sus profesionales y a las ganas de superación de todos los abogados que la integran.

    H) ...permite desempeñar muy diversos cometidos en el mundo laboral.

Ejercicio 4

Suponga que se ha matriculado en la asignatura "Derecho del comercio internacional" perteneciente a una facultad de derecho hispanoparlante. Lea el programa de la disciplina y responda al siguiente cuestionario tipo *test* eligiendo en cada caso la respuesta correcta.

Programa de Derecho del Comercio Internacional

Tema 1: Introducción —Concepto, escenarios y tipos de reglamentación—

Tema 2: Los sujetos del comercio internacional

Tema 3: Estructura institucional del comercio internacional

Tema 4: Contratación internacional I: Convenio de Roma

Tema 5: Contratación internacional II: Convención de Viena

Tema 6: Contratación internacional III: Principios UNIDROIT

Tema 7: Contratación internacional IV: Incoterms 2010

Tema 8: Contratación internacional V: Otros contratos

Tema 9: Protección internacional de la propiedad intelectual e industrial

Tema 10: Garantías contractuales internacionales

Dinámica de clases y criterios de evaluación

1. Las clases teóricas se imparten dos horas a la semana. Al comienzo de cada hora de clase teórica se pasará lista. En dichas clases se exponen los contenidos básicos de la disciplina. La totalidad del programa constituirá el objeto de la evaluación práctica y teórica de la asignatura. Las clases teóricas no podrán profundizar con detalle en todos los contenidos que conforman el programa, por lo que se aconseja al alumno que consulte los manuales recomendados para

completar su formación. Es muy positivo que los alumnos asistan a las clases teóricas habiendo realizado una lectura previa del tema que se va a abordar en cada clase.

Esta asignatura se pretende impartir con una clara orientación práctica, incluso durante las clases teóricas. Por ello, se insta a los alumnos a que participen en las clases teóricas. Su participación puede llegar a suponer un máximo del 10% de la nota final. Es un objetivo de la profesora que los estudiantes realicen la preparación seria y responsable de las diferentes materias que se explican en clase, en consonancia con su madurez y formación jurídica. Se desautoriza expresamente la toma de apuntes en clase destinados a ser vendidos entre el alumnado. Asimismo, se prohíbe expresamente que cualquier documentación o caso práctico elaborado por la profesora sea utilizado por academias o entes similares. La profesora se reserva el derecho de ejercitar acciones legales contra quienes participen en estas actividades que violan su derecho de propiedad intelectual.

La asignatura "Derecho del comercio internacional" es muy amplia y abarca cuestiones jurídicas muy diversas. Por ello, es complicado hallar un manual que concuerde completamente con el programa de la disciplina. No obstante, a título meramente indicativo, se citan las siguientes obras (cuya última edición está disponible en la biblioteca de la facultad de derecho):

[...]

2. Trabajo de investigación con exposición oral: los alumnos que lo deseen podrán realizar, a lo largo del curso, un trabajo de investigación sobre un punto del programa de la asignatura. Dicho trabajo, cuya temática y contenido será supervisada previamente por la profesora, habrá de ser expuesto oralmente en clase. Para acreditar que el trabajo de investigación se realiza a lo largo de todo el cuatrimestre, es requisito imprescindible que una vez al mes (febrero-marzo-abril-mayo), los alumnos manden un *e-mail* a la profesora en el que indiquen detalladamente el trabajo que han realizado hasta ese momento y asimismo expongan las actividades investigadoras que van a realizar en las semanas subsiguientes. La presentación de este trabajo, que se realizará en el mes de mayo de 2016, tendrá una du-

ración de treinta minutos, pudiendo utilizarse en esta intervención herramientas didácticas como las transparencias o presentaciones PowerPoint. Características esenciales de dicha exposición serán la claridad y la sencillez, siendo fundamental que los ponentes remarquen adecuadamente las ideas jurídicas claves en la materia presentada. Los alumnos deberán entregar al auditorio un esquema con el contenido esencial de su exposición y también un listado de la bibliografía (monografías, manuales, artículos doctrinales y/o jurisprudencia) que han utilizado para la preparación de dicha actividad. Asimismo, en el momento de terminar su exposición oral, los ponentes entregarán a sus compañeros un cuestionario de diez preguntas tipo *test* de opción cuádruple, para que éstas se resuelvan y corrijan en clase. Este trabajo también se deberá presentar por escrito a la profesora antes del final de las clases teóricas de la disciplina, debiendo tener una extensión mínima de veinte folios a doble espacio.

En el marco de esta actividad investigadora y expositiva, se prohíben expresamente —y por tanto, recibirán una calificación de "no apto" (cero puntos/siete)— las intervenciones basadas en una copia total o parcial de documentos colgados en Internet. También se valorarán como "no aptas" (cero puntos/siete) las exposiciones en las que los ponentes se limiten a leer un documento escrito, sin presentarlo de forma argumentada ni exponerlo "con sus propias palabras". El primer día de clase, los alumnos habrán de indicar por escrito a la profesora si desean realizar este trabajo de investigación. La posterior no presentación del trabajo previamente asumido supondrá para el alumno una calificación de "no apto" (cero puntos/siete) en la parte teórica de la asignatura. En ninguno de los tres supuestos recién expuestos el alumno podrá realizar en junio el examen final escrito. Por el contrario, la correcta realización y presentación de dicho trabajo de investigación tendrá una "valoración positiva" que supondrá hasta siete puntos sobre diez de la nota final del alumno.

Al menos una semana antes del momento de su exposición, los alumnos deberán concertar una cita (personal o telemática) con la profesora para darle a conocer el contenido y metodología de su exposición, así como para entregarle un ejemplar del *multiple choice* que van a entregar posteriormente a sus compañeros (y que ellos han de encargarse de llevar un fotocopiado a clase el día de la exposición). En caso de que algún alumno necesite un ordenador portátil o proyector para su exposición, deberá comunicarlo con antelación a la profesora, para que ésta a su vez lo comunique en conserjería.

3. Las clases prácticas permiten la aplicación de los conocimientos teóricos a casos verídicos o hipotéticos. Esta aplicación práctica es el objetivo fundamental pretendido durante el curso, ya que dichas clases no sólo resultan muy útiles para la comprensión de la teoría, sino que permiten aplicar el derecho a la realidad. La "asistencia participativa" a las clases prácticas facilita en gran medida al alumno la compresión y profundización de las clases teóricas. En ellas se trabajarán casos prácticos preparados por la profesora y otros materiales extraídos de la actualidad práctica (sentencias nacionales, del Tribunal de Justicia de las Comunidades Europeas, laudos, etc.).

La metodología de las clases prácticas será variada: bien se entregará a los alumnos el caso práctico para que lo aporten ya resuelto el día de la clase práctica, bien la práctica será entregada y resuelta por los alumnos durante las horas prácticas. En alguna ocasión, las prácticas se realizarán en pequeños grupos en la sala de ordenadores de la facultad. En las demás ocasiones, las prácticas se realizarán en el aula habitual. Para todas estas clases prácticas, será necesario que los alumnos traigan la normativa requerida para la resolución de los casos.

Las clases prácticas se realizarán con una frecuencia semanal. Si la normativa universitaria así lo requiere, y con el objetivo de que dichas clases sean lo más participativas y personalizadas posible, cada grupo se dividirá —siguiendo criterios alfabéticos— en dos subgrupos de prácticas que asistirán a la clase práctica en el respectivo horario establecido. Una vez realizados estos subgrupos, los alumnos deberán acudir a la clase de su subgrupo. Únicamente podrá cambiarse de subgrupo por motivos justificados que se presentaran por escrito y con la autorización previa de la profesora responsable.

Se pasará lista al comienzo de cada hora de las clases prácticas.

Los alumnos que deseen que las prácticas se les evalúen positivamente deberán realizar todas las prácticas. Únicamente se permite la
falta de asistencia a un 20% de las clases prácticas siempre que se jus-
tifique por escrito la falta y se entregue la práctica con anterioridad a
su realización en clase. La no realización de las actividades prácticas
supondrá una renuncia voluntaria del alumno a este cauce de evaluación práctica continuada (valoración de "no apto"; cero puntos/
dos), por lo que su calificación en la asignatura será exclusivamente
la que resulte del trabajo de investigación oralmente expuesto más
su participación en clases teóricas o, en su defecto, del examen final
de la asignatura.

No tienen cabida en este sistema de aprendizaje práctico —y serán valoradas muy negativamente— algunas conductas como la copia de prácticas de otros compañeros, utilización de información
colgada en Internet o la falsificación de firmas en listas de asistencia. Para que las clases prácticas sean valoradas positivamente por
la profesora, no es suficiente con la mera presencia física del alumno
en el aula y con su firma en listas. Es necesario que el alumno traiga
preparados los casos que se le encomienden, trabaje durante la clase
práctica e intervenga activamente en la resolución de los supuestos.
La "valoración positiva" de las prácticas supondrá hasta dos puntos
sobre diez de la nota final del alumno. Antes de realizarse el examen
final, la profesora colocará en el tablón del área un listado con la calificación que haya obtenido cada alumno en esta parte práctica de la
asignatura. A los alumnos que lo deseen, se les explicará el por qué
de su calificación concreta acudiendo a las tutorías.

4. Tutorías: se dedicarán seis horas a la semana a la atención de
los alumnos. Se insiste en que las dudas de clase se canalicen a través
de dichas horas y no fuera de las mismas. Los horarios en los que la
profesora realizará sus tutorías durante el curso 2015–2016 están en
el tablón de anuncios del área (frente a la Delegación de Alumnos) y
concretamente son lunes y martes de las 10 h. a las 11 h. y de las 13 h.
a las 15 h. Si se va a producir alguna modificación puntual de este
horario, se avisará con antelación tanto en el tablón como durante
la impartición de las clases. El servicio de tutorías está a disposición

del alumnado durante todo el curso académico, por lo que pueden hacer uso de él de forma regular.

La finalidad de las tutorías es resolver al alumno las dudas que le hayan surgido al hilo del aprendizaje de la asignatura. El alumno ha de acudir a las tutorías con las dudas "trabajadas". Cuando justificadamente no les sea posible acudir a tutorías personalizadas, los alumnos podrán comunicarse con el profesor vía *e-mail*. Se ruega que cualquier comunicación vía *e-mail* sea concreta y se refiera exclusivamente a cuestiones docentes (dudas sobre un concepto, sobre un caso, etc.). No serán contestados los *e-mail* de tipo organizativo (modalidad de examen, fechas de examen, cuándo salen las notas, etc.), ya que esa información se halla disponible por otros cauces.

5. Evaluación: como ya se ha indicado, la nota final de "Derecho del comercio internacional" será la suma de la nota de participación en clases teóricas con la realización de las prácticas y del trabajo de investigación oralmente expuesto. Las mejores notas del grupo podrán recibir, según la valoración de la profesora, la calificación de matrícula de honor. Dicha calificación requerirá siempre que el alumno haya recibido una nota muy positiva de prácticas.

Para los alumnos que el primer día de clase renuncien a realizar el trabajo de investigación (no apuntándose en la lista habilitada al efecto) se realizará un examen final teórico de la asignatura. La convocatoria de este examen se publicará con la debida antelación en el tablón de conserjería habilitado a tales efectos y se reiterará en el Área de Derecho Internacional Privado. Es necesario presentar el documento nacional de identidad (DNI) o el carnet de facultad el día del examen. El examen consistirá en una prueba objetiva que versará sobre cualquier punto del temario de la asignatura, tal y como aparece especificado en el presente programa. No se permite el uso en el examen de manuales, monografías jurídicas, legislaciones o programa de la asignatura. Se expulsará del examen a los alumnos que hablen, copien o intenten cometer cualquier irregularidad. Ante estas situaciones, se enviará el preceptivo informe al decanato para que desde allí se inicie la tramitación del correspondiente expediente disciplinario.

1. La asistencia a las clases...
   A) es voluntaria.
   B) es obligatoria.
   C) depende del tipo de clase.
   D) es poco beneficiosa a la hora de realizar el examen.

2. Se puede llegar a otorgar un 10% de la nota final...
   A) a los alumnos que participen en las clases teóricas.
   B) a los alumnos que acudan a las clases teóricas.
   C) a los alumnos que se matriculen en las clases teóricas.
   D) a los alumnos que atiendan en las clases teóricas.

3. El trabajo de investigación con exposición oral...
   A) se enviará por *e-mail* a la profesora.
   B) puede ser sustituído por un examen tipo *test*.
   C) requiere un trabajo continuado por parte del alumno.
   D) no podrá ser comprendido por neófitos.

4. La exposición oral...
   A) debe de ir precedida necesariamente por una visita al despacho de la profesora.
   B) puede hacer que el alumno obtenga un sobresaliente en la asignatura.
   C) puede basarse en trabajos de otros estudiantes disponibles en el *Internet*.
   D) se suspenderá si el alumno lee en voz alta todo su trabajo.

5. Las clases prácticas...
   A) se realizarán siempre en la sala de usuarios.
   B) pueden dividirse en dos grupos.
   C) requieren una asistencia del 20%.
   D) exigen una participación del 20%.

6. La nota de prácticas...
   A) se desvelará con carácter general durante las tutorías.
   B) hace imprescindible que el alumno firme el examen.
   C) será mala si se descubre que el alumno ha copiado.
   D) ninguna de las respuestas anteriores es correcta.

7. Las tutorías…
    A) se realizan en franja de tarde.
    B) priorizan la comunicación interpersonal frente a la telemática.
    C) están disponibles un mes antes del examen.
    D) se realizan para subir la nota práctica de la asignatura.

8. La nota de la asignatura…
    A) depende de varios factores.
    B) depende necesariamente de un examen teórico final.
    C) bajará un grado si se demuestra que el alumno ha copiado.
    D) ninguna de las respuestas previas es correcta.

Ejercicio 5

Lea un extracto sobre la historia y funciones del Colegio de Abogados de México[1] y determine si las afirmaciones subsiguientes son verdaderas o falsas.

La Barra Mexicana, Colegio de Abogados, se fundó en 1922 con el nombre de la Barra Mexicana de Abogados. Las bases que debían regirla se firmaron el 12 de octubre de ese año, en el marco de la clausura del Segundo Congreso Jurídico Nacional. Días después, el 29 de diciembre, la asociación quedó formalmente constituida al firmar la escritura notables abogados de la época.

Su fundación se enmarca dentro de una vieja tradición, pues la primera asociación de abogados nació durante la etapa virreinal. En 1760 se fundó el Ilustre y Real Colegio de Abogados de México, primer colegio de abogados y de profesionales en la Nueva España e incluso en Iberoamérica, que en 1829 cambió su nombre por el de Ilustre y Nacional Colegio de Abogados de México. Posteriormente, en 1886, se creó la Sociedad de Abogados de México, que se desintegró tras el estallido de la Revolución. De forma casi paralela, en 1890 se fundó la Academia Mexicana de Jurisprudencia y Legislación, que subsiste hasta nuestros días. Dos décadas más tarde, en 1917, se creó la Orden Mexicana de Abogados, que diez años después se fusionó a la Barra Mexicana, tras un acuerdo firmado por los entonces presidentes de ambas agrupaciones.

Los objetivos que debía cumplir la Barra Mexicana de Abogados se publicaron en el periódico *Excélsior* al día siguiente de la fundación. Como puede leerse en la cita que se transcribe a continuación, la organización debería observar los fines siguientes:

> ...velar por el buen nombre de la profesión, defender los intereses colectivos del grupo, prestar a los asociados el apoyo moral de que hubieran menester en los casos que establezca el reglamento o acuerde la asamblea general o el Consejo; fomentar el espíritu de la justicia entre los particulares entre sí y en el de los funcionarios encargados de administrarla y procurar que el ejercicio de la abogacía no se aparte nunca de los estrictos preceptos de la moralidad y se ajuste a la doctrina de la ciencia jurídica.

Estos propósitos, que se reafirman en los estatutos, nos permiten concluir que la asociación perseguía cuatro grandes metas. En primer lugar, buscaba defender los intereses individuales y colectivos de los asociados. Ello significa que asumía el carácter de un grupo de ayuda mutua, objeto que compartía con gran parte de las asociaciones de profesionales o trabajadores fundadas en el siglo XIX y en las primeras décadas del XX, y que en este caso exigía a los barristas que se brindaran asistencia moral e incluso legal.

En segundo término, la barra se proponía vigilar el ejercicio de los abogados, procurando que se ajustara a las normas de la ley, a los valores del derecho (como seguridad y justicia) y a los principios éticos, y velar por el decoro y la dignidad de la abogacía. Con ello, el colegio pretendía corregir la actuación de algunos abogados, que habían generado una pésima opinión respecto al gremio. Esta visión negativa se refleja en otra de las notas publicadas por *Excélsior*:

> Por desgracia la ética profesional, tratándose del ramo de los abogados, se encuentra por el suelo, el tinterillo, el crápula, el intrigante que acude a los chanchullos judiciales con la facilidad con que el político hace juegos malabaristas en las casillas electorales, el abogado que pospone su propia dignidad y su decoro al influjo del lucro, el que convencido de la injusticia de la causa que patrocina no vacila

sin embargo en sujetar su magín a tortura para demorar indefinidamente la secuela del negocio, son por desgracia especímenes demasiado conocidos en nuestro medio...

No obstante, el redactor se mostraba optimista respecto a las posibilidades de cambio que abría la fundación de la barra, asociación que le sirvió como pretexto para la redacción de la nota. El tercer objetivo era vigilar la correcta aplicación del derecho y el respeto a la justicia. Por último, el colegio se propuso fortalecer la cultura jurídica en el país.

Así como los objetivos, los barristas hicieron explícitos algunos de los mecanismos que emplearían para su cumplimiento. Por ejemplo, para fortalecer la cultura jurídica propusieron promover el estudio, la investigación y la difusión del derecho, organizando seminarios o coloquios internos, así como reuniones y cursos abiertos a los interesados, además de asumir la publicación de la revista *El Foro*, que había aparecido pocos años antes de la fundación. Su postura era optimista incluso ante retos que parecían sobrepasar las posibilidades de la asociación. Por ejemplo, velar por el decoro de la abogacía o luchar para que los abogados se ajustaran a la legalidad y observaran una conducta ética, pues ello implicaba incidir en el conjunto del gremio y no sólo en los abogados inscritos en la barra. O bien, intentar que autoridades, funcionarios y jueces se ciñeran a la ley. ¿Cómo lograrlo? Los barristas confiaron en que la agrupación dotaría de mejores instrumentos a los abogados que se atrevieran a denunciar las irregularidades, además de otorgar a la denuncia un mayor peso moral y abrirle amplio espacio en la opinión pública, convirtiéndola en herramienta de presión. Así lo expresó *Excélsior*, en una nota publicada el 14 de octubre de 1922:

...con el establecimiento de la Barra Mexicana se crea ya una organización responsable para exigir con todo empeño y energía la responsabilidad que contraen por sus malos manejos los funcionarios y empleados judiciales; y si ahora un abogado individualmente se ve casi desprovisto para luchar contra la venalidad de los jueces, el caso de inmoralidad que hoy pasa inadvertido será objeto de una protesta eficaz de la agrupación seria y representativa que contenga dentro de sus filas a los abogados de más prestigio, de más honorabilidad y de más severa conciencia en la República.

Pero además, creían en su capacidad para influir en la moralización de los abogados y en la reducción de las prácticas corruptas. El redactor de *Excélsior* escribió al respecto:

> En multitud de ocasiones se ha hecho alusión a lo prostituido que se encuentran los funcionarios encargados del ministerio de administrar justicia; se ha clamado en todos los tonos contra semejante relajamiento; pero los señores jueces en su defensa y los mismos litigantes han reconocido que ese mal también se encuentra, por desgracia, entre los abogados postulantes. Los jueces son cohechados; pero refrenarían su venalidad si no hubiese letrados que proponen vergonzosamente el soborno.

Por último, consideraban que la creciente moralización del gremio incidiría también en el perfil de los jueces:

> Los funcionarios judiciales salen necesariamente de la masa enorme de los abogados; y se precisa la moralización de este gremio para obtener a la postre personas más idóneas y caracterizadas que tengan a su cargo la delicadísima misión de impartir justicia conforme a los preceptos clásicos que le sirven de base: *honeste vivere; neminem laedere; suum cuique tribuere.*

Los objetivos se preservaron al paso del tiempo y algunos de ellos se han cumplido, aunque otros siguen representando un reto en el cual trabajan las comisiones de estudio y ejercicio profesional, que se dedican a estudiar y discutir temas jurídicos, así como analizar reformas legislativas y sentencias de los tribunales federales y locales. Ahora bien, en un primer momento los barristas consideraron deseable que todos los asociados fueran abogados litigantes, de ahí el nombre de barra. Como explica don Enrique Pérez Verdía:

la barra era en Francia y en México una barrera —generalmente hecha de madera—, que en las salas de audiencia separaba a los jueces tanto de los abogados como del público. De ahí surgió la palabra *barreau*, que en español se tradujo como barra, y que recuerda a los abogados que ejercen su ministerio delante de un tribunal o de una corte.

Sin embargo, con el transcurso del tiempo y reconociendo la diversificación del ejercicio profesional del abogado—como la docencia, la investigación, el servicio público o la judicatura—la asociación ha acogido a otros profesionales del derecho, a los que exige únicamente el título y la cédula profesionales, así como el reconocimiento a su conducta profesional.

A partir de la fundación y a lo largo de los siguientes cincuenta años el número de miembros creció de forma sostenida: en cifras aproximadas, para 1947 el colegio contaba con trescientos miembros, para 1957 con quinientos, y para 1971 con mil. Sin embargo, el último número se mantuvo más o menos estable hasta la década de 1980. Este letargo se relaciona con un estancamiento en la participación de los barristas en la vida jurídica del país, que en opinión de don Miguel Estrada y Sámano comenzó en los sesenta y se mantuvo por aproximadamente quince años, periodo en el cual "la barra estaba inerte". La asociación empezó a crecer numéricamente y a recuperar su espacio a fines de la década de 1970 y principios de la de 1980, hecho que Estrada y Sámano atribuye al fracaso del intento de asalto de la barra por el oficialismo.

Aguilar y Quevedo y varios más decidimos dar la pelea por la libertad, por la independencia del Colegio. Lo sorprendente es que ganamos, eso es formidable, ganamos. Ganada esa batalla, se logró salvar al Colegio como organización independiente, se recuperó el prestigio de la Asociación y se logró darle vida...

A partir de entonces la barra ha seguido creciendo y actualmente cuenta con más de tres mil asociados; al mismo tiempo, los barristas han vuelto a expresar su opinión en debates jurídicos y legales, y han recuperado o luchan por recuperar su espacio e influencia. Retomando, a lo largo de sus más de ochenta años de vida, la barra mexicana ha tenido etapas de decaimiento junto a otras de gran actividad, de manera que el objetivo de esta obra es mostrar esa trayectoria analizando procesos internos importantes, o bien momentos en que los barristas tuvieron una participación destacada en debates o en la resolución de problemas fundamentales para el país.

V   F   • En el siglo XX se constituyó la primera agrupación de abogados mexicanos.

V   F   • Desde su fundación, el objetivo fundamental de la barra ha sido mejorar el estatus económico de sus miembros.

V   F   • Desde sus orígenes, la barra ha pretendido potenciar los aspectos deontológicos de la profesión.

V   F   • En las declaraciones recogidas en *Excélsior* se critica muy duramente la catadura moral de algunos abogados.

V   F   • La revista *El Foro* pretende potenciar la formación de los abogados mexicanos.

V   F   • Todos los abogados que trabajan en México están actualmente inscritos en la barra.

V   F   • La barra siempre ha penalizado a los abogados que han cometido actividades reprobables como la denuncia.

V   F   • Parte de los jueces mexicanos no tiene formación jurídica.

V   F   • El término "barra" se refiere a una especie de valla que se colocaba en las salas en las que se impartía justicia.

V   F   • Un porcentaje de los actuales miembros de la Barra Mexicana no son abogados litigantes.

Nota

1. http://www.bma.org.mx/historia.html.

Capítulo 2

Derecho constitucional

Ejercicio 1

aconfesional
administración comunal
amparo
aprobación
ayuntamiento
bloque constitucional
casa real
circunscripción electoral
ciudadano
comisión mixta
comunidad autónoma
congreso
Consejo de Estado
constitución
convalidación
corte constitucional
Corte Suprema/Tribunal
   Supremo
culto católico
decreto-ley/decreto legislativo
defensor del pueblo
delegación legislativa
democracia
derechos civiles

derechos económicos y sociales
derechos fundamentales
derogación
diputación
disolución
distribución de competencias
ejército/fuerzas armadas
escaño
espectro radioeléctrico
estado
estado de excepción
estado federal
estado plurinacional
estado social de derecho
estado unitario
exposición de motivos
fiscalía
fueros
gabinete
garantías
gobierno federal
golpe de estado
habeas corpus
habeas data

iniciativa popular
investidura
juez de paz
jurisdicción
justicia indígena
laico
legislador
ley orgánica u ordinaria o de
 bases
libertades públicas
listas abiertas o cerradas
mar territorial
ministerio público/defensoría
 pública
ministro
moción de censura/confianza
monarquía
nación
nacionalidad
órbita geoestacionaria
parlamento
partido político
plataforma continental
poder legislativo o ejecutivo o
 judicial
poder público
presidente/primer ministro
procuraduría

provincia
ratificar
referéndum
reforma constitucional
régimen tributario
región
república
senado
sesión plenaria
sistema parlamentario
sistema plurilegislativo
sistema presidencialista
soberanía económica
soberanía popular
subsuelo
suelo
sufragio universal
superintendencia
supremacía constitucional
territorio
texto articulado
toma de posesión
tratados internacionales
Tribunal de Cuentas
veto
votación
vuelta electoral

Ejercicio 2

Lea estos preceptos de la Constitución de Ecuador de 2008[1] y complételos con las palabras que se indican a continuación de estos.

Art. 2. La bandera, el escudo y el himno nacional, establecidos por la ley, son los símbolos de la _____. El castellano es el _____ oficial de Ecuador; el castellano, el kichwa y el _____ son idiomas oficiales de relación intercultural. Los demás idiomas _____ son de uso oficial para los pueblos _____ en las zonas donde habitan y en los términos que fija la ley. El Estado respetará y estimulará su conservación y uso.

indígenas, ancestrales, shuar, patria, idioma

Art. 48. El Estado adoptará a favor de las personas con _____ medidas que aseguren: 1. La _____ social, mediante planes y programas estatales y privados coordinados, que fomenten su participación política, social, cultural, educativa y económica. 2. La obtención de créditos y rebajas o _____ tributarias que les permita iniciar y mantener actividades productivas, y la obtención de _____ de estudio en todos los niveles de educación. 3. El desarrollo de programas y políticas dirigidas a fomentar su _____ y descanso.

becas, inclusión, esparcimiento, discapacidades, exoneraciones

Art. 171. Las autoridades de las comunidades, pueblos y nacionalidades indígenas ejercerán funciones _____, con base en sus tradiciones ancestrales y su derecho propio, dentro de su ámbito territorial, con garantía de participación y decisión de las _____. Las autoridades aplicarán normas y procedimientos propios para la solución de sus conflictos internos, y que no sean contrarios a la Constitución y a los derechos humanos reconocidos en instrumentos internacionales. El Estado garantizará que las decisiones de la jurisdicción indígena sean _____ por las instituciones y autoridades públicas. Dichas decisiones estarán sujetas al _____ de constitucionalidad. La ley establecerá los mecanismos de coordinación y cooperación entre la jurisdicción indígena y la jurisdicción _____.

jurisdiccionales, control, respetadas, mujeres, ordinaria

Art. 281. La _____ alimentaria constituye un objetivo estratégico y una obligación del Estado para garantizar que las personas, comunidades, pueblos y nacionalidades alcancen la _____ de alimentos sanos y culturalmente apropiados de forma permanente. Para ello, será responsabilidad del Estado: 1. _____ la producción, transformación agroalimentaria y pesquera de las pequeñas y medianas _____ de producción, comunitarias y de la economía social y solidaria. 2. Adoptar políticas fiscales, tributarias y arancelarias que protejan al sector agroalimentario y pesquero nacional, para evitar la _____ de importaciones de alimentos.

unidades, soberanía, dependencia, autosuficiencia, impulsar

Art. 336. El Estado impulsará y velará por el comercio justo como medio de _____ a bienes y servicios de calidad, que _____ las distorsiones de la intermediación y promueva la _____. El Estado asegurará la transparencia y eficiencia en los mercados y fomentará la competencia en _____ de condiciones y oportunidades, lo que se definirá la mediante la

_____.

minimice, sustentabilidad, igualdad, ley, acceso

Ejercicio 3

Las siguientes frases pertenecen a los artículos 45, 86, 99 y 114 de la Constitución de la Nación Argentina.[2] Sabiendo que cada artículo completo tiene que tener tres frases, reconstruya estos cuatro artículos de forma que cada uno de ellos tenga coherencia.

1. El número de representantes será de uno por cada treinta y tres mil habitantes o fracción que no baje de dieciséis mil quinientos.

2. El presidente de la Nación tiene las siguientes atribuciones: Es el jefe supremo de la Nación, jefe del gobierno y responsable político de la administración general del país.

3. Administrar los recursos y ejecutar el presupuesto que la ley asigne a la administración de justicia.

4. El Consejo de la Magistratura, regulado por una ley especial sancionada por la mayoría absoluta de la totalidad de los miembros de cada Cámara, tendrá a su cargo la selección de los magistrados y la administración del Poder Judicial. Serán sus atribuciones.

5. La Cámara de Diputados se compondrá de representantes elegidos directamente por el pueblo de las provincias, de la ciudad de Buenos Aires, y de la Capital en caso de traslado, que se consideran a este fin como distritos electorales de un solo Estado y a simple pluralidad de sufragios.

6. El Defensor del Pueblo es un órgano independiente instituido en el ámbito del Congreso de la Nación, que actuará con plena autonomía funcional, sin recibir instrucciones de ninguna autoridad.

7. Seleccionar mediante concursos públicos los postulantes a las magistraturas inferiores.

8. Su misión es la defensa y protección de los derechos humanos y demás derechos, garantías e intereses tutelados en esta Constitución y las leyes, ante hechos, actos u omisiones de la Administración; y el control del ejercicio de las funciones administrativas públicas.

9. Nombra los magistrados de la Corte Suprema con acuerdo del Senado por dos tercios de sus miembros presentes, en sesión pública, convocada al efecto.

10. Participa de la formación de las leyes con arreglo a la Constitución, las promulga y hace publicar.

11. Después de la realización de cada censo, el Congreso fijará la representación con arreglo al mismo, pudiendo aumentar pero no disminuir la base expresada para cada diputado.

12. Es designado y removido por el Congreso con el voto de las dos terceras partes de los miembros presentes de cada una de las Cámaras. Goza de las inmunidades y privilegios de los legisladores.

Ejercicio 4

Lea este texto, perteneciente a la sentencia dictada por el Tribunal Constitucional del Perú el 5 de octubre de 2011[3] y elija la respuesta correcta en las preguntas tipo *test*.

El recurrente manifiesta que fue despedido arbitrariamente argumentándose un supuesto vencimiento del plazo establecido en su contrato de trabajo a plazo fijo suscrito bajo el régimen de exportación no tradicional, previsto en el Decreto Ley N.º 22342. Refiere que sus contratos se desnaturalizaron y en los hechos ha existido una relación laboral a plazo indeterminado, por tanto sólo podía ser despedido por una causa justa relacionada con su conducta o capacidad laboral.

De lo expuesto en el párrafo precedente se advierte que en el presente proceso no se está solicitando que se efectúe un control difuso del artículo 32° del Decreto Ley N.° 22342 ni del artículo 80° del Decreto Supremo N.° 003-97-TR; es por ello que en atención a lo alegado por el recurrente, este Tribunal sólo procederá a verificar si al demandante corresponde o no aplicarle el régimen laboral dispuesto en dicha normatividad legal y determinar, de ese modo, si se desnaturalizaron los contratos de trabajo que se suscribieron y por tanto si fue o no objeto de un despido arbitrario.

En ese sentido, debe precisarse que con la ficha RUC obrante de fojas 14 a 16, se encuentra acreditado que la Sociedad emplazada es una empresa exportadora de productos no tradicionales, es decir, que resulta legítimo que sus trabajadores pueden encontrarse sujetos al régimen laboral especial establecido por el Decreto Ley N.° 22342.

Por lo tanto, la sola suscripción de un contrato de trabajo sujeto a modalidad bajo el régimen laboral especial del Decreto Ley N.° 22342 no puede ser considerada como un supuesto de desnaturalización, salvo que se demuestre que la empleadora no es una empresa industrial de exportación no tradicional, supuesto que no sucede en el presente caso.

Hecha la precisión anterior, debe señalarse que el demandante alega que habría trabajado ininterrumpidamente desde el 14 de marzo de 2005 hasta el 15 de febrero de 2010, lo cual ha sido reconocido por la propia Sociedad emplazada, y también se corrobora con la liquidación de beneficios sociales, obrante a fojas 111.

Y si bien la Sociedad emplazada sostiene que durante todo el antes referido periodo se suscribieron contratos de trabajo bajo el régimen de exportación de productos no tradicionales, no obstante ello, no ha podido probar este hecho, toda vez que en autos no obran los contratos de los meses de noviembre de 2007 a enero de 2008, y de junio y julio de 2008.

En ese sentido, debe señalarse que constituye un principio procesal que la carga de la prueba le corresponde a quien afirma un hecho, por tanto si la Sociedad emplazada asegura que durante todo el periodo que trabajó el demandante se suscribieron contratos de trabajo al amparo del Decreto Ley N.º 22342, debió probar dicha afirmación, por lo que al no haberlo efectuado, y en consecuencia, al no constar en autos que las partes hayan suscrito un contrato de trabajo a plazo fijo durante los periodos señalados en el segundo párrafo del fundamento 5 *supra*, este Tribunal concluye que de acuerdo a lo previsto en el artículo 4º del Decreto Supremo N.º 003-97-TR, se configuró una relación laboral a plazo indeterminado desde el 1 de noviembre de 2007, por tanto el demandante sólo podía ser despedido por una causa justa prevista en la ley. Siendo así, son nulos los contratos de trabajo celebrados al amparo del Decreto Ley N.º 22342, que suscribieron las partes con posterioridad, mediante los cuales se pretendió encubrir la existencia de una relación laboral a plazo indeterminado.

De otro lado, también es pertinente señalar que un contrato de trabajo sujeto a modalidad suscrito bajo el régimen laboral especial del Decreto Ley N.º 22342 se considera desnaturalizado cuando en él no se consigna en forma expresa la causa objetiva determinante de la contratación.

En efecto, en este régimen laboral especial las causas objetivas determinantes de la contratación se encuentran previstas en el artículo 32º del Decreto Ley N.º 22342, cuyo texto dispone que la "contratación dependerá de: (1) Contrato de exportación, orden de compra o documentos que la origina. (2) Programa de Producción de Exportación para satisfacer el contrato, orden de compra o documento que origina la exportación".

No obstante lo dicho anteriormente, de los contratos obrantes a fojas 103 a 110, se advierte que en estos no se cumplió con consignar las causas objetivas determinantes de la contratación del régimen laboral especial del Decreto Ley N.º 22342 previstas en su artículo 32º, requisitos esenciales para la validez de este tipo de régimen laboral especial, configurándose así también, en este caso, la desnaturalización de la contratación laboral sujeta al régimen de exportación no tradicional.

Estando a lo antes expuesto se concluye que habiendo existido entre las partes un contrato de trabajo a plazo indeterminado, el demandante sólo podía ser despedido por causa justa prevista en la ley; por lo que la ruptura del vínculo laboral, sustentada en el supuesto vencimiento del plazo del contrato de trabajo, tiene el carácter de un despido arbitrario frente a lo cual procede la reposición como finalidad eminentemente restitutoria de todo proceso constitucional de tutela de derechos fundamentales.

Finalmente, en la medida en que, en este caso se ha acreditado que la Sociedad emplazada vulneró los derechos constitucionales al trabajo y la igualdad del recurrente corresponde, de conformidad con el artículo 56º del Código Procesal Constitucional, que dicha Sociedad emplazada asuma los costos y costas procesales, los cuales deberán ser liquidados en la etapa de ejecución de la presente sentencia.

Por estos fundamentos, el Tribunal Constitucional, con la autoridad que le confiere la Constitución Política del Perú ha resuelto:

1. Declarar fundada la demanda, por haberse acreditado la vulneración del derecho al trabajo y a la igualdad, y en consecuencia nulo el despido arbitrario del cual fue objeto el demandante.

2. Ordenar a T.T.S.A., que cumpla con reincorporar a don A.A.M.H. como trabajador a plazo indeterminado, en su mismo puesto de trabajo o en otro de igual o similar nivel, en el plazo máximo de dos días, bajo apercibimiento de que el juez de ejecución aplique las medidas coercitivas prescritas en los artículos 22º y 59º del Código Procesal Constitucional, con el abono de las costas y costos del proceso.

1. El recurrente alega que...
    A) en Perú rige el criterio estadounidense de empleo a voluntad (*at-will employment*).
    B) ha sido despedido injustamente.
    C) hay que recurrir a un árbitro para que éste analice su despido.
    D) su contrato era temporal.

2. En el contexto de esta sentencia (segundo párrafo), "suscribir"
    significa...
    A) abonarse a una publicación periódica.
    B) estar de acuerdo con algo.
    C) firmar un documento.
    D) ninguna de las respuestas anteriores es correcta.

3. El antónimo de "resulta legítimo" es...
    A) resulta ilegítimo.
    B) resulta deslegítimo.
    C) resulta alegítimo.
    D) resulta contralegítimo.

4. La "Sociedad emplazada" es la...
    A) ciudadanía peruana.
    B) empresa demandante.
    C) empresa demandada.
    D) empresa localizada en una plaza.

5. La "foja" es...
    A) la forma de denominar a las hojas en España.
    B) la forma de denominar a las hojas en algunos países
       latinoamericanos.
    C) un arcaísmo lingüístico no utilizado en la práctica judicial
       latinomericana.
    D) ninguna de las respuestas anteriores es correcta.

6. Según se lee en la sentencia, las causas de despido en el derecho
    peruano...
    A) vienen determinadas por ley.
    B) vienen determinadas por los jueces, a falta de texto legal.
    C) son ilimitadas.
    D) ninguna de las respuestas anteriores es correcta.

7. El Tribunal Constitucional peruano intervino en este caso
    porque...
    A) el trabajador tenía un cargo diplomático.
    B) el empresario era un ente público.

C) el empresario había violado un derecho recogido en la Constitución peruana.

D) el empresario había violado dos derechos recogidos en la Constitución peruana.

8. En este caso, el Tribunal Constitucional peruano...

A) ha condenado al trabajador a pagar las costas del juicio por iniciar un litigio improcedente.

B) ha declarado que el trabajador fue despedido justamente.

C) ha condenado al empresario a readmitir al trabajador.

D) ha condenado al empresario a readmitir al trabajador y a pagar las costas derivadas del procedimiento judicial.

Ejercicio 5

Lea estos artículos de la Constitución de la República Dominicana de 2010[4] y determine si las afirmaciones son verdaderas o falsas.

Sección 1
De los derechos civiles y políticos

Artículo 37. Derecho a la vida. El derecho a la vida es inviolable desde la concepción hasta la muerte. No podrá establecerse, pronunciarse ni aplicarse, en ningún caso, la pena de muerte.

Artículo 38. Dignidad humana. El Estado se fundamenta en el respeto a la dignidad de la persona y se organiza para la protección real y efectiva de los derechos fundamentales que le son inherentes. La dignidad del ser humano es sagrada, innata e inviolable; su respeto y protección constituyen una responsabilidad esencial de los poderes públicos.

Artículo 39. Derecho a la igualdad. Todas las personas nacen libres e iguales ante la ley, reciben la misma protección y trato de las instituciones, autoridades y demás personas y gozan de los mismos derechos, libertades y oportunidades, sin ninguna discriminación por razones de género, color, edad, discapacidad, nacionalidad, vínculos familiares, lengua, religión, opinión política o filosófica, condición social o personal. En consecuencia:

1) La República condena todo privilegio y situación que tienda a quebrantar la igualdad de las dominicanas y los dominicanos, entre quienes no deben existir otras diferencias que las que resulten de sus talentos o de sus virtudes;

2) Ninguna entidad de la República puede conceder títulos de nobleza ni distinciones hereditarias;

3) El Estado debe promover las condiciones jurídicas y administrativas para que la igualdad sea real y efectiva y adoptará medidas para prevenir y combatir la discriminación, la marginalidad, la vulnerabilidad y la exclusión;

4) La mujer y el hombre son iguales ante la ley. Se prohíbe cualquier acto que tenga como objetivo o resultado menoscabar o anular el reconocimiento, goce o ejercicio en condiciones de igualdad de los derechos fundamentales de mujeres y hombres. Se promoverán las medidas necesarias para garantizar la erradicación de las desigualdades y la discriminación de género;

5) El Estado debe promover y garantizar la participación equilibrada de mujeres y hombres en las candidaturas a los cargos de elección popular para las instancias de dirección y decisión en el ámbito público, en la administración de justicia y en los organismos de control del Estado.

Artículo 40. Derecho a la libertad y seguridad personal. Toda persona tiene derecho a la libertad y seguridad personal. Por lo tanto:

1) Nadie podrá ser reducido a prisión o cohibido de su libertad sin orden motivada y escrita de juez competente, salvo el caso de flagrante delito;

2) Toda autoridad que ejecute medidas privativas de libertad está obligada a identificarse;

3) Toda persona, al momento de su detención, será informada de sus derechos;

4) Toda persona detenida tiene derecho a comunicarse de inmediato con sus familiares, abogado o persona de su confianza, quienes tienen el derecho a ser informados del lugar donde se encuentra la persona detenida y de los motivos de la detención;

5) Toda persona privada de su libertad será sometida a la autoridad judicial competente dentro de las cuarenta y ocho horas de su detención o puesta en libertad. La autoridad judicial competente notificará al interesado, dentro del mismo plazo, la decisión que al efecto se dictare;

6) Toda persona privada de su libertad, sin causa o sin las formalidades legales o fuera de los casos previstos por las leyes, será puesta de inmediato en libertad a requerimiento suyo o de cualquier persona;

7) Toda persona debe ser liberada una vez cumplida la pena impuesta o dictada una orden de libertad por la autoridad competente;

8) Nadie puede ser sometido a medidas de coerción sino por su propio hecho;

9) Las medidas de coerción, restrictivas de la libertad personal, tienen carácter excepcional y su aplicación debe ser proporcional al peligro que tratan de resguardar;

10) No se establecerá el apremio corporal por deuda que no provenga de infracción a las leyes penales;

11) Toda persona que tenga bajo su guarda a un detenido está obligada a presentarlo tan pronto se lo requiera la autoridad competente;

12) Queda terminantemente prohibido el traslado de cualquier detenido de un establecimiento carcelario a otro lugar sin orden escrita y motivada de autoridad competente;

13) Nadie puede ser condenado o sancionado por acciones u omisiones que en el momento de producirse no constituyan infracción penal o administrativa;

14) Nadie es penalmente responsable por el hecho de otro;

15) A nadie se le puede obligar a hacer lo que la ley no manda ni impedírsele lo que la ley no prohíbe. La ley es igual para todos: sólo puede ordenar lo que es justo y útil para la comunidad y no puede prohibir más que lo que le perjudica;

16) Las penas privativas de libertad y las medidas de seguridad estarán orientadas hacia la reeducación y reinserción social de la persona condenada y no podrán consistir en trabajos forzados;

17) En el ejercicio de la potestad sancionadora establecida por las leyes, la Administración Pública no podrá imponer sanciones que de forma directa o subsidiaria impliquen privación de libertad.

V F • La Constitución dominicana admite el aborto con carácter general.

V F • Los poderes públicos están obligados a defender el principio de igualdad.

V F • En el país existe una oligarquía que posee títulos hereditarios otorgados en su día por los conquistadores españoles.

V F • La Constitución admite la discriminación positiva a favor de las mujeres.

V F • En la mayoría de los casos, un alcalde no es competente para ordenar una encarcelación transitoria si no cuenta con el respaldo de un juez.

V F • El encarcelamiento tiene por objetivo principal el alejamiento del preso de la sociedad.

V F • Un funcionario público no judicial no tiene potestad para sancionar con penas que impliquen encarcelamiento.

V F   • Un dominicano puede permanecer totalmente incomunicado en una prisión pública durante los dos días siguientes a su detención.

V F   • La ley dominicana se aplica a todos sin excepciones derivadas de diferencias sociales o económicas.

V F   • Con carácter general, las leyes dominicanas se aplicarán retroactivamente.

Notas

1. http://www.asambleanacional.gov.ec/.
2. http://www.senado.gov.ar/web/interes/constitucion/cuerpo1.php.
3. Expediente Número (N.º) 03735-2011-PA/TC, http://www.tc.gob.pe/tc_jurisprudencia_ant.php.
4. http://www.migracion.gob.do.

Capítulo 3

Derecho contractual

Ejercicio 1

aceptación de la oferta
acreedor
adquisición
agente
ambigüedad
anticresis
anulabilidad
apuesta
arrendador
arrendatario
aviso por escrito
beneficiario
buena fe
cancelar una deuda
cantidad líquida
causa torpe
censo
cesión
cláusula
cobrar
comprador
condición
condiciones generales
confirmable
consentimiento

consumidor
contrademanda
contraoferta
contrato
contrato de suerte
cosa de género
cosa fungible
cuerpo cierto
cumplimiento
cumplimiento específico
demora/mora
depósito
derechos irrenunciables
deudor
días hábiles
días naturales/días calendarios
dispositivos automáticos
dolo
empresario/profesional
enajenar
en especie
error
fecha de vencimiento
formación
frutos

incumplimiento
interés
interpretación
invalidar
invalidez
mandario
negligencia
negociaciones/tratos
   preliminares
norma de policía
norma imperática/imperativa
nulidad
objeto
obligaciones
orden público económico
pagar
pago
parte
perfección
permuta
plazo
precio
prelación
prenda
prescripción

prestamista
prestatario
prevalecer
producto/cosa/bien
prohibición
promesa
purificar
rédito
relatividad del contrato
renta vitalicia
resarcimiento de daños
rescisión
resolución
restituir
retardo
saneamiento por evicción
servicio
transacción
validez
vendedor
vicios de calidad
vicios de funcionamiento
vicios ocultos
vicios redhibitorios

Ejercicio 2

Lea los siguientes artículos pertenecientes a distintos códigos civiles de Latinoamérica y España e incorpore las palabras que se enumeran después de cada uno de ellos.

Art. 1259 del Código Civil español de 1889:

Ninguno puede _____ a nombre de otro sin estar por éste autorizado o sin que tenga por la ley su _____ legal. El contrato celebrado a nombre de otro por quien no tenga su autorización o representación legal será nulo, a no ser que lo _____ la persona a cuyo nombre se otorgue antes de ser revocado por la otra parte _____.

representación, ratifique, contratar, contratante

Articulo 1374 del Código Civil peruano de 1984:

Conocimiento y contratación entre _____:
La oferta, su revocación, la _____
y cualquier otra declaración contractual dirigida a determinada persona se consideran conocidas en el momento en que llegan a la dirección del _____, a no ser que éste pruebe haberse encontrado, sin su culpa, en la imposibilidad de conocerla. Si se realiza a través de medios electrónicos, ópticos u otro análogo, se _____ la recepción de la declaración contractual, cuando el remitente reciba el _____.

aceptación, acuse de recibo, ausentes, destinatario, presumirá

Art. 1445 del Código Civil chileno de 1855:

Para que una persona se _____ a otra por un acto o declaración de _____ es

necesario: 1. que sea legalmente _____;
2. que _____ en dicho acto o declaración y su consentimiento no adolezca de _____;
3. que recaiga sobre un objeto _____;
4. que tenga una causa lícita. La capacidad legal de una persona consiste en poderse obligar por sí misma, y sin la _____ de otra.

vicio, lícito, autorización, voluntad, capaz, obligue, consienta

Artículo 1.167 del Código Civil venezolano de 1982:

En el contrato _____, si una de las partes no ejecuta su obligación, la otra puede a su elección _____ judicialmente la _____ del contrato o la _____ del mismo, con los daños y perjuicios en ambos casos si hubiere lugar a ello.

resolución, reclamar, bilateral, ejecución

Ejercicio 3

Reconstruya estas frases pertenecientes a la Ley uruguaya N.º 17.250 de Defensa del Consumidor, de 11 de agosto de 2000.[1]

1. Relación de consumo es el vínculo que se establece…

2. Los proveedores de productos y servicios que, posteriormente a la introducción de los mismos en el mercado, toman conocimiento de su nocividad o peligrosidad…

3. La oferta dirigida a consumidores determinados o indeterminados, transmitida por cualquier medio de comunicación y que contenga información suficientemente precisa con relación a los productos o servicios ofrecidos…

4. Consumidor es toda persona física o juridical...

5. Toda información referente a una relación de consumo deberá expresarse...

6. La oferta de productos defectuosos, usados o reconstituidos...

7. El proveedor de productos y servicios que ofrece garantía...

8. La publicidad comparativa será permitida siempre que se base en...

   A) ...vincula a quien la emite y a aquél que la utiliza de manera expresa por el tiempo que se realice.

   B) ...la objetividad de la comparación y no se funde en datos subjetivos, de carácter psicológico o emocional; y que la comparación sea posible de comprobación.

   C) ..., deberá ofrecerla por escrito, estandarizada cuando sea para productos idénticos.

   D) ...entre el proveedor que, a título oneroso, provee un producto o presta un servicio y quien lo adquiere o utiliza como destinatario final.

   E) ...deberán comunicar inmediatamente tal circunstancia a las autoridades competentes y a los consumidores.

   F) ...en idioma español sin perjuicio que además puedan usarse otros idiomas.

   G) ...deberá indicar tal circunstancia en forma clara y visible.

   H) ...que adquiere o utiliza productos o servicios como destinatario final en una relación de consumo o en función de ella.

Ejercicio 4

Lea este texto y responda al siguiente cuestionario tipo *test* eligiendo en cada caso la respuesta correcta.

El derecho de aprovechamiento por turno de bienes inmuebles es aquella figura por la que el comprador o titular de este derecho puede disfrutar, con carácter exclusivo, durante un periodo determinado del año de un alojamiento turístico amueblado, así como de los servicios complementarios del complejo en el que éste se halle. En los últimos años esta figura contractual ha experimentado un crecimiento y difusión muy importante en España, porque permite disponer de un apartamento con fines turísticos durante un pequeño periodo de tiempo al año, con la consiguiente disminución de precio que ha de abonar el comprador. Según la normativa vigente, el aprovechamiento del inmueble no puede ser nunca inferior a siete días consecutivos durante todos los años siguientes al de celebración del contrato hasta la extinción del régimen de multipropiedad. Éste debe tener una duración mínima de tres años y máxima de cincuenta. La fecha de extinción del régimen debe de figurar en el contrato que celebren las partes.

Antes de entrar en vigor de la actual ley española se produjeron numerosos abusos e irregularidades en la venta de estos derechos, debido especialmente a la falta de información y a la poca veracidad de la misma que ofrecían algunas sociedades sin escrúpulos. Ello motivó que hubiese adquirentes que, una vez pagadas las cantidades acordadas, se encontraban con que lo comprado no existía o no cumplía con las condiciones pactadas (por ejemplo, se compraba una semana correspondiente al mes de agosto y resultaba que en realidad correspondía al mes de febrero). Para evitar estos abusos y fraudes, la ley exige un determinado grado de rigor, plasmado por ejemplo en que el folleto informativo y el contrato se recojan una serie de datos mínimos esenciales (identidad y domicilio del empresario, precio y duración del derecho, descripción detallada del inmueble, instalaciones comunes, cuotas de pago de dichas instalaciones, inventario completo de los muebles, etc.). Además, el folleto informativo que se entrega al posible comprador tiene el carácter de oferta vinculante para el vendedor, esto es, lo dicho en el folleto le obliga sin que le sea posible cambiar esa oferta posteriormente.

El adquirente tiene un plazo de diez días, contados desde la firma del contrato, para desistir del mismo a su libre arbitrio. Si se hace uso del desistimiento, el comprador además no tiene que abonar ninguna indemnización o gasto. Es necesario que este desistimiento se haga de forma fehaciente, es decir, de alguna manera que permita demostrar que el derecho al desistimiento se ha ejercido y dentro del plazo indicado. El desistimiento no tiene que estar basado en ninguna razón o motivo, de manera que no hay que justificarlo.

1. Este texto se refiere a...
    A) el alquiler de vivienda en zonas urbanas de España.
    B) el derecho a disponer de un inmueble turístico durante un periodo del año.
    C) los problemas jurídicos que genera compartir vivienda para los jóvenes en España.
    D) diversos consejos para comprar una vivienda a un precio asequible en España.

2. "Derecho de desistimiento" significa...
    A) derecho de adquisición preferente.
    B) derecho real.
    C) derecho a retractarse.
    D) derecho colectivo.

3. Según el texto, la poca veracidad de compañías sin escrúpulos generaba...
    A) perjuicios a los compradores.
    B) menos demanda.
    C) una subida de precios.
    D) distinto flujo de oferta según la temporada del año.

4. "De forma fehaciente" significa…
    A) con fe.
    B) de manera que quede constancia.
    C) en escritura pública.
    D) rápidamente.

5. Según este texto, la multipropiedad es beneficiosa para el comprador…
    A) porque la puede contratar únicamente por el plazo de un año.
    B) porque siempre va a tener derecho a usar la vivienda en verano.
    C) porque el precio es asumible.
    D) porque si desiste del contrato le pagan una indemnización.

6. "Sociedades" significa…
    A) agrupación de personas.
    B) agrupación de animales.
    C) empresas.
    D) matrimonios.

7. Una "instalación común" puede ser…
    A) un inmueble habitado por una familia de clase media.
    B) una piscina.
    C) un electrodoméstico.
    D) ninguna de las tres anteriores es correcta.

8. En este contexto, "arbitrio" significa…
    A) arbitraje.
    B) voluntad.
    C) obligación.
    D) ninguna de las tres anteriores es correcta.

Ejercicio 5

Lea un extracto de la sentencia emitida por la Audiencia Provincial de Madrid (España), el 26 de septiembre de 2011 (SAP M 12233/2011)[2] y determine si las afirmaciones siguientes son verdaderas o falsas.

Con fundamento legal en el Art.º 1902 C.c., 7 y 10 LRCSCVM, 1091 y 1278 C.c. y 1 LCS, se ejercitó en su día por la aseguradora demandante una acción personal de reclamación de cantidad en exigencia a la demandada del reintegro de 33.874,99 euros, suma abonada por la demandada a su asegurado como consecuencia de la sustracción y posterior recuperación con graves daños del vehículo de su propiedad, sustracción ocurrida cuando se encontraba depositado en dependencias de la asegurada demandada para proceder a su lavado, pretensión a la que se opuso ésta alegando previamente su falta de legitimación causal al no ser aseguradora de la entidad que la actora citaba como titular de las dependencias en que se hallaba el vehículo sustraído y en todo caso por no existir cobertura en la póliza suscrita con la entidad propietaria de ese inmueble, mostrando a su vez su discrepancia con la cuantía reclamada y siendo dictada sentencia en la instancia por la que se desestimaba en su integridad la demanda, sentencia contra la que la actora interpuso el recurso que es ahora objeto de consideración por esta Sala y que ha venido a fundamentarse en la, a su juicio, errónea valoración de la prueba efectuada por la Sra. Juez de instancia y por infracción de las normas sobre interpretación de los contratos.

Planteada en tales términos la cuestión en esta alzada ha de ponerse de manifiesto desde el inicio la inconsistencia de la reclamación formulada tanto por carecer de relación los hechos narrados en la demanda con la fundamentación jurídica de la misma referida al aseguramiento obligatorio en relación con la circulación del vehículos de motor, cuando la acción ejercitada no tiene relación con esa circulación sino con la sustracción de un automóvil depositado en dependencias ajenas para su lavado, como por el hecho de que la entidad a quien se hacía responsable de la vigilancia y conservación del vehículo depositado no estaba asegurada en la entidad demandada, con lo que difícilmente ante la acreditación de tal hecho y ante la falta de correlación entre los hechos y la norma cuya aplicación se insta, difícilmente podría estimarse la demanda.

Por otro lado, fundándose el primer motivo de recurso en la alegada errónea valoración de la prueba no alcanza a observarse en qué consistiría ese error y menos cuando tras transcribirse la literalidad del razonamiento del Juez se alega que el mismo "se limita a interpretar el tenor literal del contrato de aseguramiento sin tener en cuenta que, en todo caso las dudas que pudieran suscitarse" deben favorecer la cobertura, con lo que si se recurre la sentencia por esa alegada errónea interpretación no acierta a verse en qué medida el Juzgador valoró erróneamente qué prueba.

En todo caso tampoco acierta a verse cuales sean esas dudas interpretativas ni por qué motivo si es claro que una cobertura no alcanza a un siniestro haya de interpretarse que sí alcanza. En el caso enjuiciado es de una claridad palmaria que si el objeto de aseguramiento a una entidad que no es la que se citaba en la demanda es una oficina para la gestión de varios negocios de una empresa constructora, una industria de lavado de automóviles no está cubierta ni tampoco los automóviles que se depositen para ese lavado, con independencia de la responsabilidad que alcance al depositario de esos vehículos en la responsabilidad de custodia y conservación de los mismos que a él le sería exigible pero no a quien ni asegura a la entidad que se cita en la demanda como depositaria del automóvil para su lavado ni cubre la actividad de lavado de vehículos.

Ello en modo alguno se desvirtúa por la alegación de la doctrina del acto propio como determinante del éxito de la acción puesto que ningún acto de tales características se aprecia realizara la demandada, sino que al contrario ante la reclamación que se formula se afirma estar a la espera de un informe pericial sobre esa cobertura y además sobre la discrepancia con la cuantía que se reclamaba, con lo que ya se dirá que declaración de voluntad expresa o tácita, manifestada en términos concluyentes e inequívocos, y reveladora de la actitud del sujeto frente a determinada situación jurídica ha realizado

la demandada que sea incardinable en la configuración jurispruden-
cial de esa doctrina que requiere, entre otros extremos, actos concluyentes para crear, modificar o extinguir una relación jurídica que
originen un nexo causal eficiente entre el acto realizado y su incom-
patibilidad con la conducta posterior y fundamentado en un com-
portamiento voluntario, concluyente e indubitable, de tal manera
que defina de modo inalterable la situación del que lo realiza.

Igual suerte desestimatoria ha de correr el segundo de los motivos de apelación que en realidad y aunque con otro enunciado, tiene
la misma base que el primero. El hecho de que en el inmueble de la c/
Martínez de la localidad de Valdemoro se encontrase una industria
de lavado de vehículos no implica que la entidad que asegura una
oficina para gestión de actividades de construcción deba responder
de las consecuencias de cualquier actividad que quiera desarrollar
la asegurada, incluso es de insistir de una industria química conta-
minante ni desde luego ello lo defendería la recurrente si como aseguradora fuera demandada en un supuesto idéntico o simplemente
similar. En su consecuencia, procede la desestimación del recurso
formulado, confirmándose la sentencia recurrida con imposición a
la recurrente de las costas procesales causadas en esta alzada. Vistos
los artículos citados y demás de general y pertinente aplicación. Por
cuanto antecede en nombre de Su Majestad El Rey y por la autoridad
conferida por el Pueblo Español. Fallamos: Que desestimando el recurso de apelación interpuesto por Allianz S.A. representada por el
Procurador de los Tribunales Sr. A.J.C. contra la sentencia dictada
por el Ilmo. Sr. Magistrado Juez titular del Juzgado de 1.ª Instancia
n.º 6 de Valdemoro de fecha 30 de julio de 2010 en autos de juicio or-
dinario n.º 457/09 debemos confirmar y confirmamos íntegramente
la misma con imposición a la recurrente de las costas procesales causadas en esta alzada.

V   F   • Esta reclamación es planteada por el propietario del
vehículo.

V   F   • En este caso, la asegurada es un empresa dedicada a la limpieza de coches.

V F   • La alzada es un recurso.

V F   • Se han planteado dudas respecto a la cobertura del siniestro por parte de la póliza.

V F   • En este caso, una compañía aseguradora reclama sin éxito a una compañía reaseguradora la devolución de una cantidad de dinero ya desembolsada a un asegurado de la primera.

V F   • La póliza de seguro se refería únicamente a casos de incendios fortuitos.

V F   • Las costas procesales serán abonadas por el propietario del automóvil.

V F   • El juzgador de primera instancia es recriminado por la Audiencia provincial de Madrid en la presente sentencia.

V F   • La apelación es desestimada.

V F   • Esta sentencia es dictada por el Rey de España.

Notas

1. http://www.elderechodigital.com.uy/smu/legisla/ley17250.html.
2. http://www.poderjudicial.es/.

Capítulo 4

Derecho bancario

Ejercicio 1

acción
activos
agencias de calificación
ahorrar
amortización anticipada
anatocismo
anotaciones en cuenta
anticipo
arrendamiento financiero
asesoría
aval
banca a distancia/electrónica
banca comercial
banca personal
bancario
banco de inversión
banquero
caja de ahorro
cajero
cajero automático
cancelación
captación
cargo en cuenta
casa de cambio
cheque

cheque de gerencia
cheque de viajero
cobertura
cobro
colocación
comisión bancaria
corporación financiera
crédito al consumo
crédito de consumo
crédito hipotecario
crédito rotativo
crisis hipotecaria
cuenta corriente
cuenta de ahorros
cuentahabiente
defensoría del cliente
depósito
derivados financieros
descubierto
divisa
domiciliar
encaje bancario
entidad de crédito
escriturar
fiducia

financiación
fondo de inversión
fondo mutuo
garantía
garantía a primer requerimiento
gestor
hipoteca
impagado/impago
inversor/inversionista
leasing financiero
libranza
línea ICO (Instituto de Crédito Oficial)
mercado secundario
nivel de riesgo
nómina
obra social
pagaré
pago
patrimonio
patrimonio autónomo
permuta financiera
plan de pensión
póliza

portafolio de inversión
prenda
préstamo
producto financiero
pyme (pequeña y mediana empresa, PYME)
recibo
sobrevaloración
sucursal
TAE (tasa anual equivalente)
tarjeta de crédito
tarjeta de débito
tarjetahabiente
tasa de cambio
tasa de interés
tasa de intermediación
tasa de usura
tasar
tesorería
tipo de interés
titularización
usura
valores
vencimiento

Ejercicio 2

Lea este texto referido al Banco Central de Chile[1] e incorpore a él las palabras que se enumeran a continuación:

indispensables, influir, valor, distributivo, anticíclica, aliciente, encaminar, pleno, riesgos, economía, meta, empleo, horizonte, brecha, empíricos, adopción, estabilidad

El dinero juega un rol fundamental en el funcionamiento adecuado de cualquier _____. Para preservar ese rol, la política monetaria del Banco Central debe proteger el _____ de la moneda nacional, el peso, buscando que la inflación sea baja y estable. El propósito de mantener una inflación baja y estable, que es la forma en que se interpreta en la práctica el concepto de _____ de precios, no es un capricho de la ley, sino que sirve al objetivo más amplio de _____ a la economía nacional por una ruta de crecimiento sostenido, de _____ empleo y, en general, de progreso y bienestar para la población. En efecto, la mayor contribución del Banco Central al crecimiento y al progreso radica en la confianza en el futuro que se asocia a la estabilidad de precios. Éste es un _____ para el ahorro, la inversión y las ganancias de productividad, todos ellos elementos _____ para el crecimiento económico. Una inflación baja y estable es, además, beneficiosa desde un punto de vista _____, porque favorece el crecimiento del empleo y protege el ingreso de los sectores más indefensos de la sociedad.

La política monetaria no puede _____ la trayectoria de crecimiento de largo plazo más allá de su contribución a la estabilidad de precios. Los efectos de la política monetaria sobre la actividad económica y el _____, a corto y mediano plazo, surgen de los distintos canales por los cuales se transmiten los cambios en la política monetaria hasta llegar a afectar la inflación. Por esta razón, la política monetaria sigue una orientación _____ que, además de preservar la estabilidad de precios, busca evitar las variaciones extremas del gasto global, o demanda interna, conducentes a _____ innecesarios en los mercados financieros y a situaciones aflictivas en materia de recesión y desempleo. En este sentido, el foco de la política monetaria del Banco Central de Chile es la estabilidad de precios a través del tiempo, tomando en cuenta los efectos de esa política sobre la actividad económica y el empleo en el corto y mediano plazo.

La preocupación del Banco Central por la estabilidad de precios se ha traducido en la _____ de un régimen monetario de _____ de inflación. Aunque un régimen de meta de inflación maduro puede definirse de manera bastante flexible, debe incorporar algunos ingredientes esenciales. Primero y sobre todo, debe existir una meta numérica explícita para la inflación a lograr en determinado _____ de tiempo la meta de inflación propiamente tal. Segundo, el compromiso con esa meta debe primar sobre cualquier otro objetivo de política que pueda entrar en conflicto con la inflación en un horizonte de tiempo determinado. Tercero, el Banco Central debe tener independencia en el uso de sus instrumentos, a fin de ser capaz de aplicar su política monetaria para cerrar cualquier _____ predecible entre la inflación estimada y la meta de inflación. Cuarto, el Banco Central debe tener la capacidad técnica para usar modelos _____ razonables para predecir la inflación. El Banco Central de Chile cumple hoy todos esos requisitos.

Ejercicio 3

Cree definiciones completas usando las palabras que siguen para rellenar los huecos:

hipoteca, transferencia, amortizar, banco central, embargo, cuenta, rentabilidad, comisión, aval, interés

1. _____ Institución pública que actúa como autoridad monetaria de un país. Propone y aplica las medidas de la política monetaria y crediticia de un país con el objeto de coadyuvar al buen funcionamiento de la economía nacional.

2. _____ Redimir o extinguir el capital de un préstamo u otra deuda; recuperar o compensar los fondos invertidos en alguna empresa.

3. _____ Firma que se pone al pie de un documento de crédito, con el objeto de responder de su pago en caso de no efectuarlo la persona principalmente obligada a éste.

4. _____ Gasto que cobran las entidades bancarias por los servicios prestados a sus clientes.

5. _____ Intervención judicial de un determinado bien o conjunto de bienes, con la finalidad de vincular esos bienes al cumplimiento de las responsabilidades derivadas del impago de deudas.

6. _____ Depósito de dinero en una entidad financiera.

7. _____ Operación por la que se transfiere una cantidad de dinero de una cuenta bancaria a otra.

8. _____ Retribución económica que se abona por la cesión de un capital en préstamo.

9. _____ Derecho real que grava determinados bienes, vinculándolos a responder del cumplimiento del pago de una deuda.

10. _____ Ganancia que se obtiene por la compra de un activo financiero.

Ejercicio 4

Lea este texto y responda al siguiente cuestionario tipo *test* eligiendo en cada caso la respuesta correcta.

En los últimos tiempos en España se está viviendo una gran polémica mediática y legal en torno a las características de las hipotecas concedidas por los bancos españoles. Atendiendo a la regulación actual, si un piso se adjudica en una subasta a un precio inferior al de la deuda, la entidad bancaria puede seguir requiriéndole al moroso el abono de la cantidad pendiente.

Frente a esta realidad, tan gravosa para muchas familias acuciadas por la crisis económica, algunas Audiencias Provinciales están comenzando a transitar una novedosa senda: considerar que el préstamo hipotecario queda liquidado al entregarse la vivienda hipotecada al banco. Estas decisiones judiciales inciden en el hecho de que hace unos años los bancos con frecuencia tasaban la vivienda por encima de la deuda reclamada, lo que puede justificar que ahora la deuda se considere saldada con la entrega del inmueble.

Algunos partidos políticos españoles han propuesto que se introduzca con urgencia una reforma en la vigente ley hipotecaria, de manera que se generalice la figura denominada dación el pago. Como medida complementaria, los programas políticos de diversos partidos políticos que se enfrentaron en las elecciones del 20 de noviembre de 2011 incluían la siguiente propuesta: "eximir del pago del impuesto de transmisiones patrimoniales en los casos en que el banco admita la vivienda como forma de saldar la deuda". Mayoritariamente, la sociedad española se posiciona a favor de dichos cambios, ya que considera que las hipotecas actuales, pese a ser legales, son altamente inmorales, al imponer al ciudadano la carga de la pérdida de valor de su vivienda. En estos últimos años, muchas familias, aparte de ser desahuciadas, han seguido cargando con el peso de su deuda, lo que se ha calificado desde diversos sectores como un abuso de derecho por parte de los bancos.

1. "Mediática" significa…
    A) referente al término medio.
    B) referente a los medios de comunicación.
    C) referente a Mérida.
    D) ninguna de las respuestas anteriores es correcta.

2. Actualmente la legislación española en materia de inmuebles hipotecados…
    A) admite siempre la dación en pago.
    B) admite a veces la dación en pago.

C) nunca admite la dación en pago.

D) ninguna de las respuestas anteriores es correcta.

3. "Acuciadas" significa…
   A) con desazón.
   B) enjuiciadas.
   C) acabadas.
   D) cruzadas.

4. Las Audiencias Provinciales…
   A) son mayoritariamente órganos judiciales de primera instancia.
   B) son mayoritariamente órganos judiciales de casación.
   C) son mayoritariamente órganos judiciales de segunda instancia.
   D) son mayoritariamente órganos judiciales de amparo.

5. "Saldada" es sinónimo de…
   A) abonada.
   B) pendiente.
   C) incrementada.
   D) salada.

6. Según este texto y en relación con la figura de la dación en pago…
   A) la ciudadanía, algunos partidos políticos y los bancos han mostrado su conformidad con ella.
   B) la ciudadanía y los bancos han mostrado su conformidad con ella.
   C) la ciudadanía y algunos partidos políticos han mostrado su conformidad con ella.
   D) los bancos han mostrado su conformidad con ella.

7. En este contexto, "desahuciadas" significa…
   A) echadas del inmueble en el que se reside.
   B) hechas presas en el inmueble en el que se reside.
   C) avisadas por un médico de que la sanación no es posible.
   D) ninguna de las tres opciones anteriores es correcta.

8. Según este artículo, la posición de los bancos y la de los propietarios hipotecados...
   A) es complementaria.
   B) es inconciliable.
   C) está consensuada.
   D) es idéntica.

Ejercicio 5

Lea este fragmento de un informe anual del Banco Interamericano de Desarrollo (BID)[2] e indique si son o no correctas las afirmaciones que sobre él se realizan.

La integración internacional competitiva a nivel regional y mundial es una de las prioridades sectoriales señaladas en el Noveno Aumento General de Capital del BID, en el cual se establece también una meta de 15% del financiamiento anual en el área de la cooperación y la integración regional para fines de 2015. En 2010, el BID continuó apoyando la integración en la región por medio de préstamos, asistencia técnica y actividades de formación de capacidad. Proporcionó amplio apoyo técnico a iniciativas regionales decisivas (relacionadas con el *software* y el *hardware* de la integración), como la Iniciativa para la Integración de la Infraestructura Regional Suramericana, el Plan Mesoamericano, el Arco del Pacífico Latinoamericano y la iniciativa Caminos hacia la Prosperidad en las Américas, entre otros. El BID complementó su trabajo en pro de las iniciativas de integración regional con su apoyo a iniciativas globales para fortalecer la participación de la región en la economía mundial, como la iniciativa de Ayuda para el Comercio, puesta en marcha por la Organización Mundial del Comercio (OMC). El Fondo Temático Estratégico de Ayuda para el Comercio, que comenzó a funcionar plenamente en 2010, ayudará a abordar la escasez de asistencia oficial para el desarrollo de América Latina y el Caribe en comparación con otras regiones como Asia y África.

A fin de apoyar los diálogos de política sobre la cooperación e integración regional, el Banco se desempeñó por tercer año consecutivo en calidad de Secretaría Técnica de la Reunión de Ministros de Hacienda de América y el Caribe y participó en la preparación de la Nota de Discusión de Políticas titulada "Cómo reducir las brechas de integración", presentada conjuntamente por el BID, el Banco Mundial y la CEPAL en la Reunión de Ministros de Hacienda de América y el Caribe celebrada en Lima en junio. Asimismo, en el curso del año hubo dos diálogos regionales de política de la Red de Comercio e Integración sobre América Central, Panamá y la República Dominicana. En uno se abordó el potencial de los acuerdos de libre comercio para las exportaciones de tecnología avanzada y en el otro se trató el tema de la facilitación del comercio.

El banco aprobó doce proyectos adicionales por medio de su programa innovador de bienes públicos regionales. Este programa, cuya finalidad es promover la acción colectiva de tres o más países para abordar problemas u oportunidades transnacionales, tiene actualmente una cartera de setenta y cuatro proyectos, algunos de los cuales ya se están incorporando en la política pública de los países prestatarios.

El banco aprobó varios préstamos para apoyar la agenda de integración regional de América Latina y el Caribe, entre ellos un préstamo innovador para la ampliación del puerto y la modernización de la aduana de Puerto Cortés (Honduras), por donde pasan cargamentos dirigidos a Honduras, Nicaragua y Costa Rica. Este proyecto procura servir de modelo para proyectos futuros de facilitación del comercio e integración en otros puertos regionales. Asimismo, se aprobó un préstamo de preinversión de US$15,6 millones para Bolivia, que se destinará a un estudio de la integración de la infraestructura vial y ferroviaria. Por último, continúan las operaciones del préstamo para el Sistema de Interconexión Eléctrica para América Central con financiamiento adicional de US$4,5 millones.

El banco continúa generando productos de conocimiento de buena calidad para apoyar la agenda de integración regional. En

2010 lanzó el portal INTradeBID de información sobre el comercio y la integración.[3] Se proporcionaron servicios de asesoramiento técnico utilizando bases de datos y modelos computarizados de equilibrio general del banco, con los cuales ahora se pueden elaborar modelos de áreas más complejas de la agenda de integración, como los costos del transporte intrarregional, las migraciones y aspectos de la distribución regional. Este apoyo se complementó con extensos programas de formación de capacidad en una amplia gama de temas: reglas de origen, normas técnicas, la Alianza Comercio Justo y las disciplinas de la OMC, y corredores de infraestructura sostenible.

V F   • La crisis económica ha hecho que el BID reduzca su partida presupuestaria en materia de integración regional.

V F   • El apoyo que proporciona el BID no es únicamente económico, sino que también puede ser técnico.

V F   • El BID fomenta la incorporación de Latinoamérica a la economía global.

V F   • Con carácter general, el BID no financia proyectos en Asia y África.

V F   • Las actividades del BID y del Banco Mundial son excluyentes.

V F   • El BID ha dejado de financiar proyectos con un perfil transnacional.

V F   • El banco reconoce, a través de los proyectos que financia, que la mejora de los medios de transporte es esencial para potenciar el desarrollo de la región latinoamericana.

V F   • El BID delega en las universidades locales la cuestión de la formación.

V F   • El *Internet* es una herramienta importante para el desarrollo de las actividades del BID.

V   F   • El BID intenta aislarse de la labor llevada a cabo por la Organización Mundial de Comercio.

Notas

1. http://www.bcentral.cl/acerca/funciones/05.htm.
2. http://www.iadb.org/es/acerca-del-bid/informe-anual,6293.html.
3. http://www.iadb.org/int/INTradeBID.

Capítulo 5

Derecho penal

Ejercicio 1

abandono
abandono de destino
aborto
abuso de autoridad
abuso de confianza
acechanza
acoso sexual
agavillamiento
agravante
agresión sexual
alcaide
antecedentes
apropiación
asesinato
atenuante
autor
cadena perpetua
cárcel/presidio
ciberdelito
cometer/perpetrar
cómplice
confinamiento
confiscación
connivencia
consumación

contravención
cooperador necesario
corrupción
crimen
culpable
decomiso
degradación física
delinquir
delito
delito contra el medio ambiente
delito de lesa humanidad
delito financiero
derecho de gentes
desacato
deslealtad profesional
desorden público
destierro
detención
detención ilegal
difamación
economía sumersida
encubridor
escrache
estafa
evasión

evasión fiscal
exacción legal
falsificación
falso testimonio
frustrado
genocidio
homicidio
incomunicado
infanticidio
infracción
inhumación
inocente
insolvencia punible
integridad moral
intrusismo
inviolabilidad domiciliaria
legítima defensa
libertad condicional
malhechor/delincuente/ladrón/
    chorizo/caco
maltrato
malversación
multa
obstrucción a la justicia
ocultamiento
omisión del deber de socorro
paraíso fiscal
parricidio
pasquín

pena aflictiva
pena correccional
pena de policía
perjurio
premeditación
prevaricación
prostitución
proxenetismo
quebrantamiento de condena
quebranto
reagrupación de presos
reclusión
reincidencia
robo
secuestro
simulación de delito
soborno/cohecho
sustracción
tenencia de armas
tentativa
terrorismo
trabajo infantil
trabajos en beneficio de la
    comunidad/trabajo público
tráfico de influencias
ultraje
usurpación del estado civil
violencia doméstica/de género/
    intrafamiliar

Ejercicio 2

Lea los siguientes artículos del Código Penal argentino de 1922 (Ley 11.179, de 29 de octubre de 1921)[1] y rellene los huecos con las siguientes palabras:

auxilio, reunión, extorsión, instigare, nulidad, incapacitado, duelo, libertad condicional, morada, aborto, prescripción, lesión, desamparo, calumnia, reprimido, corrupción

Artículo 15. La _____ será revocada cuando el penado cometiere un nuevo delito o violare la obligación de residencia. En estos casos no se computará, en el término de la pena, el tiempo que haya durado la libertad.

Artículo 45. Los que tomasen parte en la ejecución del hecho o prestasen al autor o autores un _____ o cooperación sin los cuales no habría podido cometerse, tendrán la pena establecida para el delito. En la misma pena incurrirán los que hubiesen determinado directamente a otro a cometerlo.

Artículo 63. La _____ de la acción empezará a correr desde la medianoche del día en que se cometió el delito o, si éste fuese continuo, en que cesó de cometerse.

Artículo 83. Será _____ con prisión de uno a cuatro años, el que _____ a otro al suicidio o le ayudare a cometerlo, si el suicidio se hubiese tentado o consumado.

Artículo 86. Incurrirán en las penas establecidas en el artículo anterior y sufrirán, además, inhabilitación especial por doble tiempo que el de la condena, los médicos, cirujanos, parteras o farmacéuticos que abusaren de su ciencia o arte para causar el _____ o cooperaren a causarlo.

Artículo 90. Se impondrá reclusión o prisión de uno a seis años, si la _____ produjere una debilitación permanente de la salud, de un sentido, de un órgano, de un miembro o una dificultad permanente de la palabra o si hubiere puesto en peligro la vida del ofendido, le hubiere inutilizado para el trabajo por más de un mes o le hubiere causado una deformación permanente del rostro.

Artículo 97. Los que se batieren en _____, con intervención de dos o más padrinos, mayores de edad, que elijan las armas y arreglen las demás condiciones del desafío, serán reprimidos: 1º con prisión de uno a seis meses, al que no infiriere lesión a su adversario o sólo le causare una _____ de las determinadas en el artículo 89.

Artículo 106. El que pusiere en peligro la vida o la salud de otro, sea colocándolo en situación de _____, sea abandonando a su suerte a una persona incapaz de valerse y a la que deba mantener o cuidar o a la que el mismo autor haya _____, será reprimido con prisión de 2 a 6 años.

Artículo 109. La _____ o falsa imputación a una persona física determinada de la comisión de un delito concreto y circunstanciado que dé lugar a la acción pública, será reprimida con multa de pesos tres mil ($ 3.000.-) a pesos treinta mil ($ 30.000.-). En ningún caso configurarán delito de calumnia las expresiones referidas a asuntos de interés público o las que no sean asertivas.

Artículo 125. El que promoviere o facilitare la _____ de menores de dieciocho años, aunque mediare el consentimiento de la víctima será reprimido con reclusión o prisión de tres a diez años.

Artículo 134. Serán reprimidos con prisión de uno a cuatro años, los que contrajeren matrimonio sabiendo ambos que existe impedimento que cause su _____ absoluta.

Artículo 150. Será reprimido con prisión de seis meses a dos años, si no resultare otro delito más severamente penado, el que entrare en _____ o casa de negocio ajena, en sus dependencias o en el recinto habitado por otro, contra la voluntad expresa o presunta de quien tenga derecho de excluirlo.

Artículo 160. Será reprimido con prisión de quince días a tres meses, el que impidiere materialmente o turbare una _____ lícita, con insultos o amenazas al orador o a la institución organizadora del acto.

Artículo 168. [_____] Será reprimido con reclusión o prisión de cinco a diez años, el que con intimidación o simulando autoridad pública o falsa orden de la misma, obligue a otro a entregar, enviar, depositar o poner a su disposición o a la de un tercero, cosas, dinero o documentos que produzcan efectos jurídicos.

Ejercicio 3

Reconstruya algunas frases pertenecientes al Estatuto de Roma de la Corte Penal Internacional de 1988.[2]

1. La Corte será una institución permanente, estará facultada para ejercer su jurisdicción sobre personas respecto de los crímenes más graves de trascendencia internacional…

2. A los efectos del presente Estatuto, se entenderá por "genocidio" cualquiera de los actos mencionados a continuación…

3. El "exterminio" comprenderá la imposición intencional de condiciones de vida, la privación del acceso a alimentos o medicinas entre otras…

4. Por "esclavitud" se entenderá el ejercicio de los atributos del derecho de propiedad sobre una persona, o de algunos de ellos…

5. Todo Estado Parte podrá remitir al Fiscal una situación en que parezca haberse cometido uno o varios crímenes de la competencia de la Corte...

6. Nadie será penalmente responsable de conformidad con el presente Estatuto...

7. No será penalmente responsable quien, en el momento de incurrir en una conducta...

8. Un magistrado no participará en ninguna causa en que, por cualquier motivo...

   A) ...encaminadas a causar la destrucción de parte de una población.

   B) ...y pedir al Fiscal que investigue la situación a los fines de determinar si se ha de acusar de la comisión de tales crímenes a una o varias personas determinadas.

   C) ...de conformidad con el presente Estatuto y tendrá carácter complementario de las jurisdicciones penales nacionales.

   D) ...incluido el ejercicio de esos atributos en el tráfico de personas, en particular mujeres y niños.

   E) ...padeciere de una enfermedad o deficiencia mental que le prive de su capacidad para apreciar la ilicitud o naturaleza de su conducta, o de su capacidad para controlar esa conducta a fin de no transgredir la ley.

   F) ...pueda razonablemente ponerse en duda su imparcialidad.

   G) ...a menos que la conducta de que se trate constituya, en el momento en que tiene lugar, un crimen de la competencia de la Corte.

   H) ...perpetrados con la intención de destruir total o parcialmente a un grupo nacional, étnico, racial o religioso como tal.

Ejercicio 4

Lea la sentencia boliviana (de Sucre, 10 de febrero de 2000, 200002-Sala Penal-2-094: Robo agravado Ministerio Público c/ G.A.M. y otros. Distrito: Chuquisaca) y responda al ejercicio tipo *test*.

Auto Supremo. Vistos: Los recursos de casación interpuestos a fs. 282–283 por G.A.M. y G.S.C.E.; a fs. 285–287 por S.S.M., impugnando el Auto de Vista pronunciado en fecha 26 de mayo de 1998 por la Sala Penal de la Corte Superior del Distrito Judicial de Chuquisaca, dentro del proceso penal seguido a instancias del Ministerio Público contra los coprocesados recurrentes por el delito de robo agravado; sus antecedentes, las leyes acusadas de infringidas, el requerimiento del Sr. Fiscal de Sala Suprema de fojas 291–293, y:

Considerando: Que ejerciendo jurisdicción y competencia, por previsión del art. 136 inc. 1) de la L.O.J., la Juez 3° de Partido en lo Penal de la Capital, siguiendo las normas de contenido previstas por el art. 242 del Cód. Pdto. Pen., a fs. 246–253, pronuncia la sentencia de primera instancia, por la que declara a los procesados G.A.M., S.S.M. y G.S.C.E., autores del delito de tentativa de robo agravado, previsto en la sanción de los arts. 8° con relación al art. 332-2) del Cód. Pen., modificado por la L. N° 1768 de 10 de marzo de 1997, al existir plena prueba en contra de los nombrados y los condena a la pena de cuatro años y seis meses de reclusión en la cárcel pública de la ciudad de Sucre y al pago de costas al Estado, todo conforme a los arts. 243 y 349 ambos del Cód. Pdto. Pen. Con relación a los robos ocurridos en fechas 13 y 26 de marzo de 1997, se los declara absueltos de culpa y pena, de acuerdo a lo dispuesto por el art. 244 del Código Adjetivo Penal. Que elevado el proceso ante la Corte Superior del Distrito Judicial de Chuquisaca, correspondió a la Sala Penal pronunciar el auto de vista de 26 de mayo de 1998, que cursa a fs. 279–280, por el que se confirma la sentencia apelada, con la modificación de que la pena será de seis años y seis meses de presidio, sin costas por la modificación.

Considerando: Que por disposición del art. 135 del Cód. Pdto.

Pen., con relación al art. 290 del mismo cuerpo de leyes, los jueces de instancia, tienen la facultad privativa e incensurable en casación, de apreciar la prueba valorada en su conjunto, y conforme a las reglas de la sana crítica; en el caso de *sub lite*, los órganos jurisdiccionales, con aquella potestad, han motivado sus resoluciones, haciendo uso del elemento intelectivo de contenido crítico y lógico; llegando al inequívoco convencimiento de calificar la conducta de los procesados G.A.M., G.S.C.E. y S.S.M., en el tipo penal descrito por el art. 332 del Cód. Pen., modificado por el art. 2° num. 53 de la L. N° 1768 de 10 de marzo de 1997, con relación al art. 8° del Código Sustantivo de la Materia, como tentativa de robo agravado, por cuanto el día de los hechos, la madrugada del 30 de marzo de 1997, Radio Patrulla 110 ante denuncia de los vecinos de las proximidades de Av. Jaime Mendoza, se constituyó en el lugar logrando capturar a los incriminados, quienes habían cortado los candados de las tiendas allí ubicadas, con la finalidad de apoderarse de los bienes y objetos que se encontraban en su interior; en consecuencia es correcta la aplicación del art. 8° del Código Sustantivo Penal, máximo si tenemos en cuenta que en la tentativa el culpable da principio a la ejecución del delito directamente por hechos exteriores; sin embargo, no practica todos los actos encaminados a producir el delito, por tanto, no se produce el resultado por causas ajenas a su voluntad como la consumación, en que se cumple a la vez el propósito del transgresor y la hipótesis punible establecida por el legislador, consiguientemente no es evidente que en el caso de autos se hubiere infringido el art. 8° del Cód. Pen., como erróneamente se aduce en ambos recursos que se analizan.

Considerando: Que en cuanto a la imposición de la sanción impuesta por la Corte *ad quem* al modificar el fallo de primera instancia, ésta se encuentra en estricta relación al grado de culpabilidad, dentro del marco de lo máximo y lo mínimo, con la debida constatación de aquellos presupuestos necesarios y suficientes para concretizarla, en compulsa con las circunstancias atenuantes y agravantes; protegiendo a la comunidad frente al delincuente peligroso, lo que muchas veces sólo será posible, dada la función limitadora de la pena y del principio de culpabilidad, con la imposición de medidas siguiendo el contenido de los arts. 37, 38 y 40 del Cód. Pen., preceptos aplicados correctamente por la Corte *ad quem*, no siendo en consecuencia cierta su infracción acusada en los recursos que se examinan.

Por tanto: La Sala Penal Segunda de la Excma. Corte Suprema de Justicia de la Nación, en ejercicio de la atribución 1ª del art. 59 de la L.O.J., en desacuerdo con el requerimiento Fiscal de fs. 291–293, declara infundados los recursos deducidos a fs. 282–283 y 285–287, en estricta aplicación de lo establecido por el art. 307-2) del Cód. Pdto. Pen.

1. Los "coprocesados recurrentes"...
   A) son los abogados defensores.
   B) son los jueces.
   C) son los fiscales.
   D) son más de una persona.

2. Los sujetos fueron condenados...
   A) en primera y segunda instancia.
   B) sólo en primera instancia.
   C) sólo en segunda instancia.
   D) y siempre fueron absueltos.

3. Las instancias inferiores condenaron a los sujetos...
   A) a reclusión domiciliaria.
   B) a la cárcel.
   C) a la retirada del carnet de conducir.
   D) únicamente al abono de una multa.

4. "Incriminados" significa...
   A) acusados de un crimen.
   B) en proceso de realización de un crimen.
   C) incapacitados.
   D) ninguna de las tres anteriores es correcta.

5. Los recursos presentados por los abogados de los coprocesados…
    A) son valorados positivamente en la sentencia de 10 de enero de 2000.
    B) aplican incorrectamente el artículo 8 del Código Penal.
    C) aplican correctamente el artículo 8 del Código Penal.
    D) no fueron admitidos a trámite.

6. En este caso, la "Corte *ad quem*" es…
    A) la Corte Suprema.
    B) el tribunal de primera instancia.
    C) el tribunal de apelación.
    D) ninguna de la respuestas anteriores es correcta.

7. La Corte Suprema…
    A) excarcela a los coprocesados.
    B) apoya la decisión tomada por el tribunal de apelación.
    C) fue disuelta por el gobierno antes de poder dictar sentencia.
    D) ninguna de la respuestas anteriores es correcta.

8. De lo indicado en el texto, se puede deducir que "las medidas siguiendo el contenido de los arts. 37, 38 y 40 del Cód. Pen." son…
    A) medidas gravosas para los coprocesados.
    B) medidas favorables para los coprocesados.
    C) el perdón para los coprocesados.
    D) la ejecución de los coprocesados.

Ejercicio 5

Tras leer esta sentencia colombiana del 8 de julio de 2009, de la Corte Suprema de Justicia, Sala de Casación Penal,[3] indique si las siguientes afirmaciones son verdaderas o falsas.

Se procede a resolver el recurso de casación interpuesto por la defensora de A.J.Q. contra la sentencia del Tribunal de Armenia que confirmó la dictada por el Juzgado Cuarto Penal del Circuito de Conocimiento de esa ciudad, mediante la cual se le condenó como autor responsable del delito de llevar consigo sustancia estupefaciente.

Hechos y actuación procesal:

1. Los primeros fueron tratados en el fallo impugnado de la siguiente manera:

El cinco (5) de agosto de dos mil ocho (2008), siendo las 4:25 de la tarde, en el sector de la carrera 18 con calle 51 de Armenia, agentes de la Policía Nacional sorprendieron al señor A.J.Q. cuando portaba 1.3 gramos de cocaína que llevaba en dos papeletas.

2. Por los anteriores acontecimientos, el 5 de agosto de 2008 la Fiscalía Primera Seccional URI formuló imputación ante el Juzgado Quinto Penal Municipal con funciones de control de garantías contra A.J.Q. como autor del delito de porte de estupefacientes en la modalidad de "llevar consigo", atribución a la que se allanó.

3. El 19 de septiembre de ese año se radicó escrito de acusación y el 23 de octubre siguiente el Juzgado Cuarto Penal del Circuito de Armenia con funciones de conocimiento, lo condenó a la pena principal de sesenta y cuatro (64) meses de prisión, multa de un millón doscientos veintisiete mil quinientos noventa ($1.227.590.00) pesos y a la accesoria de inhabilitación de derechos y funciones públicas por un periodo igual como autor responsable del delito imputado, y le negó el subrogado de la suspensión condicional de la ejecución de la pena por obrar en su contra antecedente penal, sentencia de 17 abril de 2006, por habérsele encontrado "una bolsa blanca en plástico la que contenía unas hojas secas, con semilla verde, olor fuerte, penetrante, con características similares a la marihuana", peso de 48 gramos, imputándosele porte de *Cannabis sativa*, sin que existiera prueba de ánimo de tráfico, y concediéndosele el subrogado penal por su calidad de "delincuente primario".

4. La anterior decisión fue apelada por el defensor, y el 28 de noviembre de 2008 el Tribunal de Armenia la confirmó en todas sus partes.

5. Mediante auto del cuatro (4) de mayo de 2009 se admitió el libelo y se fijó el 17 de junio siguiente a las 3:00 p.m. para la sustentación de la impugnación extraordinaria.

La demanda:

Sobre la finalidad del recurso de que trata el artículo 180 de la Ley 906 de 2004, la impugnante guardó silencio.

En el cargo único, al amparo de la causal primera del artículo 181 *ejusdem* acusa la sentencia de segunda instancia de incurrir en falta de aplicación, aplicación indebida e interpretación errónea de una norma del bloque de constitucionalidad, constitucional o legal llamada a regular el caso.

Adujo que el artículo 32 de la Ley 1142 de 2007 que prohíbe toda clase de subrogados a las personas, no se puede aplicar por analogía contra A.J.Q. porque cuando éste aceptó los cargos imputados por la Fiscalía, se hizo acreedor a la rebaja consagrada en el artículo 351 del C. de P.P.

Consideró que la primera y la segunda instancia efectuaron una interpretación errónea del artículo 32 de la Ley 1142 de 2007 pues equipararon el derecho de rebaja de pena del artículo 351 de la Ley 906 de 2004 que adquirió el procesado por virtud de la aceptación de cargos a un beneficio.

Argumentó que en el Código Penal de manera expresa se consagran figuras que se constituyen en mecanismos sustitutivos de la pena privativa, como lo son la suspensión condicional de la ejecución de la pena, la libertad condicional, la reclusión domiciliaria y algunas gracias administrativas reguladas en el Código Penitenciario. Y, en su contrario:

De acuerdo con el artículo 288 de la Ley 906 de 2004, se determina en el numeral 3° para el investigado, la posibilidad de allanarse a la imputación y obtener una rebaja de pena de conformidad con el artículo 351 *ibídem*, la cual es dable conceder hasta en la mitad de la imponible.

De otra parte, argumentó que la Ley 1142 del 28 de junio 2007 sólo puede aplicarse a partir de esa fecha y hacia futuro y no con efectos retroactivos porque de esa manera se contraría el 29 de la Carta Política, si se tiene en cuenta que el antecedente que registra A.J.Q. es del año 2006.

Hizo mención a la sentencia C-425 de 2008 en la que se dispuso la exequibilidad del artículo 32 en cita, y en la cual a su juicio se hizo una enumeración de los beneficios y subrogados penales que se reportan excluidos y que se encuentran regulados en los artículos 63 a 69 de la Ley 599 de 2000 y 465 a 476 de la Ley 906 de 2004, sin que en el texto de la misma se hubiese efectuado referencia a las rebajas de pena tratadas en los artículos 351, 356 y 367 del Código de Procedimiento Penal ni se plasmó pauta alguna para asimilarlas como beneficios, de donde infiere que la Ley 1142 de 2007 en su artículo 32 no afecta a las normas en cita.

Por lo anterior, solicita a la Corte casar la sentencia y conceder a A.J.Q. la máxima rebaja de pena a la que tiene derecho por haber aceptado los cargos en la audiencia de imputación.

V F • En este caso se está analizando una sentencia de otro país (Armenia).

V F • El recurso de casación es una apelación planteada ante un tribunal de segunda instancia.

V F • En primera instancia se condenó al Sr. A.J.Q.

V F • El Sr. A.J.Q. fue demandado por un vecino.

V F • El Sr. A.J.Q. no podrá trabajar como funcionario en el año 2015.

V F • El Sr. A.J.Q. es reincidente.

V F • El "subrogado penal" es un agravante.

V F • El recurso se fundamenta en el artículo 181 de la Ley 906/2004.

V   F   • El C. de P. P. es el Código de Penas y Puniciones colombiano.

V   F   • "Allanarse" significa aceptar.

Notas

1. http://www.infoleg.gov.ar.
2. http://www.un.org/spanish/law/icc/.
3. http://www.semana.com/documents/Doc-1945_200999.pdf.

Capítulo 6

Derecho de familia

Ejercicio 1

abintestato

aceptación de la herencia

acogimiento familiar
   preadoptivo

adopción

albacea

alimentos

ausencia

beneficio de inventario

bienes privativos/gananciales

capacidad de obrar

capacidad jurídica

capitulaciones matrimoniales

cartulario

causante

colación

condiciones psico-pedagógicas

consanguinidad

consentimiento matrimonial

cónyuge

curador

curatela

declaración de fallecimiento

delación

derecho de visitas

desheredación

divorcio

donación

edad núbil

emancipado

esponsales

estado civil

fallecimiento

filiación matrimonial o no
   matrimonial

gananciales

guarda de menor

guarda y custodia

heredero

herencia

impedimento

impúber

incapacitación

incapacitado

incapaz

indigno

inoficioso

integración familiar

interés del menor

internamiento

inventario	primogénito
legado	progenitores
legatario	promesa de matrimonio
legítima	prueba de paternidad
masa hereditaria	régimen económico matrimonial
matrimonio civil o religioso	Registro Civil
mayor de edad	registro de adopciones
mejora	relaciones paterno-filiales
ministerio fiscal	representante legal
minoría de edad	reserva
muerte	separación
nasciturus	separación de bienes
notario	simulación
nulidad	sociedad conyugal
pactos sucesorios	sucesión testamentaria o
padre/madre adoptivo/a	intestada
pareja de hecho/conviviente de	supérstite
hecho/*more uxorio*	testamento abierto o cerrado o
parentesco	apócrifo u hológrafo
partición	testigo
paternidad	tutela
patria potestad	viable
pensión compensatoria	vínculos
pensión de alimentos	voluntad compartida

Ejercicio 2

Reconstruya los siguientes preceptos del Código Civil de Guatemala de 1877[1] con las palabras que se indican a continuación.

Artículo 4: La persona individual se _____ con el nombre con que se inscriba su nacimiento en el Registro Civil, el que se compone del nombre _____ y del apellido de sus padres casados o de sus padres no casados que lo hubieren _____. Los hijos de la madre _____ serán inscritos con los apellidos de ésta. Los hijos de padres desconocidos serán inscritos con el nombre que les dé la persona o institución que los inscriba. En el caso de los menores ya inscritos en el Registro Civil con un _____ apellido, la madre, o quien ejerza la patria potestad, podrá acudir nuevamente a dicho Registro a ampliar la inscripción correspondiente para inscribir los dos apellidos.

solo, propio, identifica, soltera, reconocido

Artículo 8: La _____ para el ejercicio de los derechos civiles se adquiere por la mayoría de edad. Son mayores de edad los que han _____ dieciocho años. Los menores que han cumplido _____ años son _____ para algunos actos determinados por la Ley.

capaces, cumplido, catorce, capacidad

Artículo 47: Cuando el ausente tenga bienes que deban ser _____, cualquier persona capaz o el Ministerio Público puede denunciar la ausencia y solicitar el nombramiento de un _____ de sus bienes. El juez nombrará un defensor específico en estas diligencias, que exclusivamente tendrá a su cargo la representación _____ del presunto ausente y dictará las providencias necesarias para asegurar los bienes, nombrando un _____, que puede ser el mismo defensor.

guardador, depositario, administrados, judicial

Artículo 88: Tienen impedimento _____ para contraer matrimonio:

1. Los _____ consanguíneos en línea recta, y en la colateral, los hermanos y medio hermanos;

2. Los ascendientes y descendientes que hayan estado ligados por _____; y

3. Las personas casadas; y las unidas de hecho con persona distinta de su _____, mientras no se haya disuelto _____ esa unión.

afinidad, absoluto, legalmente, parientes, conviviente

Artículo 118. Son obligatorias las _____ matrimoniales en los casos siguientes:

1. Cuando alguno de los contrayentes tenga _____ cuyo valor llegue a dos mil quetzales;

2. Si alguno de los contrayentes ejerce profesión, arte u oficio, que le produzca renta o _____ que exceda de doscientos quetzales al mes;

3. Si alguno de ellos tuviere en _____ bienes de menores o incapacitados que estén bajo su patria potestad, tutela o guarda; y

4. Si la mujer fuere guatemalteca y el varón _____ o guatemalteco naturalizado.

administración, capitulaciones, bienes, extranjero, emolumento

Artículo 155. Son _____ comunes para obtener la separación o el divorcio:

1. La _____ de cualquiera de los cónyuges;

2. Los malos _____ de obra, las riñas y disputas continuas, las injurias graves y ofensas al honor y, en general, la conducta que haga insoportable la vida en común;

4. La separación o abandono voluntario de la casa _____ o la ausencia inmotivada, por más de un año;

5. El hecho de que la mujer dé a _____ durante el matrimonio, a un hijo concebido antes de su celebración, siempre que el marido no haya tenido conocimiento del embarazo antes del matrimonio;

6. La incitación del marido para _____ a la mujer o corromper a los hijos;

7. La negativa _____ de uno de los cónyuges a cumplir con el otro o con los hijos comunes, los deberes de asistencia y alimentación a que está legalmente obligado;

8. La _____ de la hacienda doméstica [...].

conyugal, causas, prostituir, infidelidad, tratamientos, luz, disipación, infundada

Ejercicio 3

Reelabore las siguientes normas, pertenecientes al Código Civil de Costa Rica de 1888.

1. Nada podrá estipularse sobre los derechos a la sucesión de una persona...

2. La sucesión se defiere por la voluntad del hombre legalmente manifiesta...

3. Son indignos de recibir por sucesión testamentaria o legítima...

4. La aceptación de la herencia, para que produzca todos sus efectos legales...

5. El heredero no responde de las deudas y cargas de la herencia...

6. Mientras no se verifique el nombramiento de albacea definitivo, no habiendo albacea testamentario o no pudiendo éste entrar a ejercer sus funciones desde que se inicie el juicio de sucesión...

7. En la sucesión legítima, la parte caduca del heredero indigno o que renuncia...

8. El instituido por el testador como heredero de una cosa cierta y determinada...

A) ...es tenido por legatario de ella.

B) ...el juez elegirá uno provisional, necesariamente entre los interesados en la sucesión, prefiriendo en igualdad de circunstancias al cónyuge sobreviviente, al padre o madre del difunto.

C) ...acrece a los coherederos, siempre que no sea el caso de representación.

D) ...y a falta de ella, por disposición de la ley.

E) ...mientras esté viva, aunque ella consienta.

F) ...el que cometa alguna ofensa grave contra la persona y honra del causante, sus padres, consorte o hijos.

G) ...ha de ser expresa, pidiendo al juez del domicilio de la sucesión, la declaratoria de ser tal heredero.

H) ...sino hasta donde alcancen los bienes de ésta.

Ejercicio 4

Conteste a las preguntas tipo *test* referidas a la Resolución Circular de 29 de julio de 2005, de la Dirección General de los Registros y del Notariado española, sobre matrimonios civiles entre personas del mismo sexo.[2]

[...] La reciente Ley 13/2005, de 1 de julio, por la que se modifica el Código Civil en materia de derecho a contraer matrimonio, en el

marco de los principios constitucionales de igualdad, no discriminación y libre desarrollo de la personalidad (cfr. artículos 9.2, 10.1 y 14
de la Constitución) y en el contexto de la actual realidad social española que acoge diversos modelos de convivencia de pareja, ha introducido en nuestro Ordenamiento jurídico la innovación de permitir que el matrimonio sea celebrado entre personas del mismo sexo,
con plenitud de igualdad, superando con ello la concepción tradicional de la diferencia de sexos como uno de los fundamentos del reconocimiento de la institución matrimonial por nuestro Derecho. Así
resulta de lo dispuesto en el párrafo segundo que se añade al artículo
44 del Código, conforme al cual el matrimonio tendrá los mismos
requisitos y efectos cuando ambos contrayentes sean del mismo o de
diferente sexo. Ahora bien, la citada Ley 13/2005 no ha introducido
ninguna modificación en las normas del Derecho Internacional Privado español, lo que suscita el interrogante de cuál será la ley aplicable a los matrimonios mixtos de español/a y extranjero/a en materia
de capacidad matrimonial, en particular por lo que se refiere al posible impedimento de identidad de sexo, o dicho en otros términos, si
la permisión de la ley española respecto de los matrimonios integrados por personas del mismo sexo se extiende también en presencia
de elementos personales de extranjería, esto es, cuando uno o ambos
contrayentes sean de nacionalidad extranjera [...].

No cabe duda de la validez, a los efectos del Ordenamiento jurídico español, del matrimonio entre personas del mismo sexo, en los
siguientes supuestos internacionales:

a.   matrimonio entre dos contrayentes españoles, aun contraído en el
     extranjero, y ello tanto si el país de celebración admite el matrimonio entre personas del mismo sexo o no (ello siempre que se respeten los requisitos de forma en cuanto a la celebración y de competencia de la autoridad que lo autorice);

b.   matrimonio celebrado en España entre contrayente español y contrayente extranjero cuando su nacionalidad sea la de un país cuya
     legislación permita el matrimonio entre personas del mismo sexo
     (en la actualidad, éste sería el caso de Holanda, Bélgica y Canadá);

[...]

d. matrimonio celebrado en el extranjero entre español y extranjero cuando la ley aplicable a la capacidad matrimonial de este último sea, conforme a sus normas de conflicto, bien por acudir al criterio del domicilio de los contrayentes bien por regirse por la del lugar de celebración, la de un país cuya legislación sustantiva autorice el matrimonio entre personas del mismo sexo;

e. respecto de los matrimonios entre personas del mismo sexo en que uno o los dos contrayentes sean españoles plurinacionales, han de ser considerados válidos a los efectos del Ordenamiento jurídico español, y ello a pesar de que las leyes materiales correspondientes a la otra u otras nacionalidades del sujeto no admitan el matrimonio de personas del mismo sexo, por cuanto, a salvo lo dispuesto en los Tratados internacionales, en los supuestos de doble nacionalidad *de facto* ha de prevalecer en todo caso la nacionalidad española (cfr. artículo 9.9 del Código Civil). La misma solución debe entenderse extensiva respecto de los apátridas o de las personas con nacionalidad indeterminada, cuando tuvieren su residencia habitual en España.

f. finalmente, a la lista anterior, cabe adelantar ahora, se ha de añadir el supuesto de los matrimonios celebrados entre extranjeros del mismo sexo residentes en España, incluso en el caso de que ninguna de sus respectivas leyes nacionales permitan tales matrimonios, y ello en base a criterios distintos de los vinculados al estatuto personal de los contrayentes, según se desprende de las consideraciones que después se harán.

[...] El hecho de que el legislador español [...] haya regulado mediante la Ley 13/2005 el *ius connubii* de forma tal que acoge en el mismo la posibilidad del matrimonio entre personas del mismo sexo, pone de manifiesto una situación en la que resulta patente el paralelismo y similitud con los supuestos en que esta Dirección General ha invocado la excepción del orden público para excluir la aplicación de leyes extranjeras que impiden el matrimonio entre personas de distinta religión (*disparitas cultus*) o de aquellas otras que, por no reconocer un cambio legal de sexo judicialmente declarado, impiden el matrimonio de un transexual extranjero por persona de su mismo sexo cromosómico, pero distinto sexo legal, similitud que debe conducir a acoger la misma solución de la exclusión en la aplicación de la ley extranjera en el caso ahora considerado por razones de analogía.

La conclusión anterior se refuerza a la luz de la consideración de que el Encargado del Registro Civil español no debe operar, desde el punto de vista de las funciones que tiene atribuida, como guardián del sistema legal extranjero por lo que no debe negar la posibilidad de contraer matrimonio en España a personas del mismo sexo por la sola razón de que en el país del que son nacionales los cónyuges, dicho matrimonio no producirá efectos. Son las autoridades extranjeras las que deben decidir si el matrimonio contraído en España entre personas del mismo sexo surte efectos en tal país extranjero o no los surte por resultar contrario a su orden público internacional. En definitiva esta tesis parece la más correcta ante el silencio de la Ley 13/2005 en relación con los supuestos internacionales de matrimonios entre personas del mismo sexo.

1. Según este texto...
    A) el Código Civil español actual aún mantiene discriminaciones por razón de sexo.
    B) en España ya no existe un modelo único de familia.
    C) el perfil de familia en España viene determinado por la influencia de la religión católica.
    D) la Ley 13/2005 incorpora importantes modificaciones a las normas de derecho internacional privado aplicables a esta materia.

2. Según este texto...
    A) el Código Civil español nunca ha sido reformado.
    B) el matrimonio entre personas del mismo sexo es legal en España desde hace décadas.

C) el matrimonio entre personas del mismo sexo no es legal en España desde hace décadas.

D) el matrimonio entre personas del mismo sexo sólo es posible entre dos españoles.

3. Según este texto, no es válido a los efectos del Ordenamiento jurídico español...

A) el matrimonio de dos varones nacionales españoles contraído en Rumanía.

B) el matrimonio celebrado en Barcelona entre una mujer española y otra belga.

C) el matrimonio celebrado en Sevilla entre un varón canadiense y un varón español.

D) ninguna de las respuestas anteriores es correcta.

4. Según este texto, no es válido a los efectos del Ordenamiento jurídico español...

A) el matrimonio celebrado en Madrid entre una mujer española y otra holandesa.

B) el matrimonio de dos varones nacionales españoles contraído en Nueva York.

C) el matrimonio celebrado en Túnez entre una mujer española y otra holandesa.

D) el matrimonio celebrado en España entre dos mujeres españolas.

5. Según este texto...

A) los plurinacionales no pueden contraer matrimonio homosexual.

B) son escasos los supuestos en los que el ordenamiento jurídico español va a considerar válidos los matrimonios entre personas del mismo sexo.

C) dos hombres extranjeros residentes en España pueden contraer válidamente matrimonio en España.

D) dos mujeres extranjeras no residentes en España no pueden, en principio, contraer válidamente matrimonio en España.

6. Según este texto…
   A) la Dirección General es un *think tank.*
   B) la Dirección General tiene por única tarea la regulación de los matrimonios entre personas del mismo sexo.
   C) la Dirección General muestra una actitud favorable hace los matrimonios entre personas del mismo sexo.
   D) la Dirección General propone volver a reformar el Código Civil.

7. Según este texto…
   A) el orden público ha sido eliminado del Código Civil por la Ley 13/2005.
   B) el orden público impide la celebración en España de matrimonios entre personas del mismo sexo.
   C) el orden público no impide la celebración en España de matrimonios entre personas del mismo sexo.
   D) ninguna de las respuestas anteriores es correcta.

8. Según este texto…
   A) la mayoría de los países admite matrimonios entre personas del mismo sexo.
   B) hasta hace poco, España castigaba penalmente los matrimonios entre personas del mismo sexo.
   C) los matrimonios entre personas del mismo sexo son inconstitucionales.
   D) ninguna de las respuestas anteriores es correcta.

Ejercicio 5

Lea este texto referido a la aprobación en el Distrito Federal de México de una ley sobre maternidad subrogada[3] y clasifique las frases adjuntas según sean verdaderas o falsas.

Las comisiones unidas de Salud y Asistencia Social y Equidad y Género aprobaron el dictamen que crea la Ley de Maternidad Subrogada en el Distrito Federal, que permite a una mujer prestar su útero para la gestación de un embrión fecundado hasta la conclusión del embarazo, siempre y cuando sea de manera libre y sin fines de lucro.

La presidenta de la Comisión de Salud y Asistencia Social, Maricela Contreras Julián, explicó que la mujer gestante deberá tener algún parentesco por consanguinidad o afinidad con la madre biológica o el padre. Si no existe una candidata que cumpla con dicha característica, podrá participar cualquier mujer.

La madre biológica, el padre y la mujer gestante acudirán ante la Secretaría de Salud para manifestar su intención de realizar la maternidad subrogada para que ésta determine si están preparados psicológicamente para hacerlo. Previa valoración, la dependencia expedirá la constancia respectiva que deberá presentarse ante un notario público, quien realizará un contrato en el que ambas partes, padres biológicos y mujer gestante, manifiesten su consentimiento para que ésta última pueda gestar el embrión hasta la terminación del embarazo.

En el contrato se establecerá la obligación de la madre biológica y el padre de hacerse cargo de todos los gastos médicos que se generen a partir de la gestación, hasta la total recuperación de la mujer gestante, certificado por el médico tratante, con independencia de si se logra o no el nacimiento; la obligación de la mujer gestante de entregar a la madre biológica y al padre, al menor después del nacimiento y de éstos a recibirlo.

Asimismo, el conocimiento de las partes sobre el derecho de la mujer gestante a decidir respecto a la interrupción del embarazo en los términos que establece el Código Penal, sin que sea causa de responsabilidad civil y penal, de acuerdo con la legislación vigente.

La nueva ley establece que los padres biológicos aportan óvulo y espermatozoide fecundados que se implantan en el útero de la mujer gestante, y por lo tanto son poseedores de la paternidad o maternidad. Los niños no tendrán ninguna relación filial o de parentesco con la mujer gestante.

Además, esta práctica deberá realizarse protegiendo en todo momento la dignidad de la persona y el interés superior del menor nacido. La madre biológica deberá presentar a la Secretaría de Salud un certificado médico que compruebe su imposibilidad permanente o contraindicación médica para llevar a cabo la gestación en su útero, por lo que aporta sus óvulos para la fecundación.

También se compromete a velar por el interés superior del menor y a ejercer los derechos y obligaciones que emanan de la maternidad biológica.

Se establece como maternidad subrogada a la práctica médica consistente en la transferencia de embriones humanos en una mujer, producto de la unión de un óvulo y un espermatozoide fecundados por una pareja unida mediante matrimonio o que vive en concubinato y que aporta su carga o material genético. El procedimiento concluye con la terminación del embarazo.

Los embriones sólo se formarán con el fin de procreación y se prohíbe toda forma de comercialización o de utilización económica de células y tejidos embrionarios derivados de la reproducción asistida, así como la vitrificación de óvulos y espermatozoides que no sea con el fin reproductivo y su conservación cuando tenga por objeto la formación de gametos con fines de lucro o prácticas homólogas que atenten contra de la dignidad humana, sujetándose a las sanciones establecidas en el Código Penal.

El médico que realice la transferencia de embriones humanos deberá certificar que la madre biológica tiene una imposibilidad permanente o contraindicación médica para llevar a cabo la gestación en su útero; que los padres biológicos están plenamente convencidos de aportar sus óvulos y espermatozoides, respectivamente, para la implantación, y que la mujer gestante se encuentra en buen estado de salud física y mental.

Además, realizarán los exámenes médicos previos a la implantación y que sean necesarios respecto de la salud física y mental de la mujer gestante para corroborar que no posee ningún padecimiento que ponga en riesgo su bienestar y el sano desarrollo del embrión, y posteriormente del feto, durante el periodo gestacional, además de certificar que no se encuentra embarazada.

Personal de la unidad de trabajo social del hospital tratante y del

Sistema para el Desarrollo Integral de la Familia del Gobierno del Distrito Federal realizará una visita domiciliaria a la mujer gestante para comprobar que su entorno familiar sea estable, libre de violencia y favorable para el adecuado desarrollo de la gestación.

Entre los requisitos que debe cubrir la mujer gestante se pide no haber estado embarazada durante los 365 días previos a la transferencia de embriones humanos, que no ha participado en más de dos ocasiones en la implantación y que su intervención se hace de manera libre y sin fines de lucro.

Además, deberá informar a la persona con la que esté unida en matrimonio o concubinato su intención de participar en esta práctica para que manifieste lo que a su derecho convenga. La mujer gestante puede demandar civilmente de la madre biológica y del padre, el pago de gastos médicos, en caso de patologías que deriven de una inadecuada atención y control médico prenatal y postnatal. Para ello, es indispensable la certificación médica expedida por la Secretaría de Salud.

Asimismo cuando pretenda obtener un lucro en virtud de la divulgación pública con el objeto de causar algún daño a la imagen pública de la madre biológica, el padre, el menor o los menores, o que no cumpla con lo manifestado en el Instrumento para la Maternidad Subrogada, será sancionada de por la Ley de Responsabilidad Civil para la Protección del Derecho a la Vida Privada, el Honor y la Propia Imagen en el Distrito Federal, además de las responsabilidades civiles y penales que resulten.

El certificado de nacimiento será el documento que expida el médico tratante en términos de la Ley de Salud para el Distrito Federal. Las alusiones o referencias que hace la normatividad vigente en el Distrito Federal y relativas a la madre o a su identidad, se entenderán referidas a la madre biológica.

La maternidad subrogada carecerá de validez cuando haya existido error o dolo respecto de la identidad de la madre biológica y el padre, por parte de la mujer gestante, en cuyo caso están a salvo sus derechos para demandar civilmente los daños y perjuicios ocasionados y las denuncias penales, en su caso.

La práctica podrá ser revocada por la madre biológica, el padre y la mujer gestante, antes de cualquier transferencia de embriones humanos; de ésta, surgirá el derecho de pago de daños y perjuicios.

V F • La ley es aplicable en los Estados Unidos Mexicanos.

V F • La ley sólo prohíbe el lucro excesivo.

V F • La madre gestante no siempre ha de tener un vínculo sanguíneo con los futuros padres.

V F • La maternidad subrogada puede derivarse de un pacto privado entre las partes implicadas.

V F • Pactar una maternidad subrogada no implica que nunca se vaya a permitir abortar a la madre gestante.

V F • No sólo los matrimonios casados pueden recurrir a esta ley.

V F • La ley permite que la madre gestante aporte su óvulo en la maternidad subrogada.

V F • Esta ley toma las medidas necesarias para evitar que las mujeres se conviertan ininterrumpidamente en madres gestantes durante toda su vida fértil.

V F • En el certificado de nacimiento del niño no constarán los datos personales de la madre subrogada.

V F • Esta ley puede servir para que mujeres que se encuentran encarceladas en prisiones públicas se reinserten en la sociedad.

Notas

1. http://www.oj.gob.gt.
2. http://www.boe.es/boe/dias/2005/08/08/pdfs/A27817-27822.pdf.
3. http://www.aldf.gob.mx/comsoc-aprueban-comisiones-ley-maternidad-subrogada-distrito-federal—6274.html.

Capítulo 7

Extranjería

Ejercicio 1

aduana
apátrida
arraigo social
asilado
autorización de residencia
autorización de trabajo
calidad migratoria
cama caliente
capacitación
cédula de extranjería
censo
centro de detención
ciudadanía
ciudadanía de la unión
contingente
control judicial
control migratorio
convivencia
cualificación
dador de trabajo/empresario/
    empleador
delincuencia
deportado
detención
devolución
discriminación

discriminación racial
diversidad
doble nacionalidad
documentación
documento nacional de
    identidad (DNI)
empresa transportadora
enfermedad infecto-contagiosa
entrada/ingreso
espacio Schengen
espalda mojada
estancia/estadía
exclusión
expediente
expulsión
extracomunitario
extradición
filiación de complacencia
flujo migratorio
frontera
ilegalidad sobrevenida
inmigración irregular
inmigrante
inscripción
integración educativa
integración/inserción

internamiento
libertad de establecimiento
libertad religiosa
libre circulación de personas
locutorio telefónico
matrimonio blanco/de
  conveniencia
menor extranjero no
  acompañado
migración
movilidad
nacionalidad
naturalización
número de identificación de
  extranjero
pasaporte
patera/cayuco
permanencia
pobreza
potestad sancionadora pública
procedimiento sancionador
prostitución
reagrupación familiar
rechazo
reembarcar

refugiado
régimen comunitario de
  extranjería
registro migratorio
regularización
reingreso
residente permanente
residente temporario
residente transitorio
salida/egreso
seguridad ciudadana
sin papeles
solidaridad
tarjeta azul-UE
tarjeta de residente
tercer país
tráfico de drogas
tramitar
transeúnte
tránsito
trata de blancas
turismo
vigilancia laboral
visa temporal
visado/visa

Ejercicio 2

Complete los siguientes artículos del Decreto Ley N.º 3, de 22 de febrero de 2008, de la República de Panamá en materia de migración[1] con las palabras que se indican a continuación.

Artículo 16. No residente es el extranjero que ingresa _____ en el territorio nacional, que no tiene ánimo de _____ su residencia en éste ni de abandonar su residencia de origen mientras se encuentre en Panamá, y que debe contar con _____ económicos propios y adecuados para mantenerse mientras dure su _____ y salir del país al _____ el periodo autorizado.

recursos, expirar, ocasionalmente, establecer, permanencia

Artículo 34. El Servicio Nacional de Migración resolverá las solicitudes de _____ de residentes temporales o permanentes, en un _____ no mayor de sesenta días hábiles. El solicitante tendrá derecho a que se le otorgue el _____ del trámite correspondiente mientras se decide su solicitud. En caso de que se detecte una solicitud incompleta o defectuosa, se concederá un plazo de quince días hábiles, a partir de la notificación, para _____.

término, permisos, comprobante, subsanarla

Artículo 49. La visa de entrada y salida _____ permitirá a su poseedor salir y entrar al territorio nacional un número ilimitado de veces, mientras se mantenga _____. Si el extranjero permanece en el territorio después de _____ el término autorizado, se le aplicarán las _____ administrativas y pecuniarias establecidas en la ley y en las reglamentaciones, entre las que se incluye la _____ de visa.

sanciones, múltiple, vencido, vigente, cancelación

Artículo 55. El empleador, agente, contratista o intermediario de cualquier naturaleza que necesite _____ trabajadores _____, o recibir servicios profesionales de un extranjero en el territorio nacional, le exigirá que presente la documentación que _____

su estadía legal en el país y que se encuentra debidamente
_____ para ello. El incumplimiento de esta
obligación acarreará la _____ correspondiente.

autorizado, extranjeros, ocupar, acredite, sanción

Artículo 57. El Estado reconoce la existencia, sobre su territorio, de movimientos y desplazamientos migratorios transfronterizos que no constituyan una afluencia masiva, por parte de las
_____ indígenas panameñas
de origen ancestral, su obligación de preservar y facilitar el paso
_____ de esas poblaciones,
desde y hacia la jurisdicción panameña, así como de protegerlas
de _____ relacionadas con el tráfico ilegal
de personas, el narcotráfico y sus delitos conexos, el terrorismo, el
tráfico ilegal de armas y explosivos y otras actividades delictivas relacionadas con la _____ del ecosistema y
el tráfico ilegal de especies de la flora y la fauna en vías de extinción.

amenazas, depredación, etnias, inocente

Ejercicio 3

Reconstruya estas frases extraídas de la *web* del Servicio de Ciudadanía e
Inmigración de Estados Unidos (USCIS).[2]

1. Una tarjeta verde es válida para ser admitido de nuevo en los Esta-
    dos Unidos…

2. Es importante que recuerde que aunque usted esté autorizado a
    votar en elecciones locales…

3. Su marido, quien es ciudadano de los Estados Unidos, puede pre-
    sentar una petición de visa para sus hijos…

4. En la mayoría de los casos la ley requiere la presencia continua del solicitante en los Estados Unidos...

5. El trámite promedio del Formulario N-400, Solicitud de Naturalización...

6. Estos recursos educativos han sido diseñados con el propósito de ayudar a los inmigrantes...

7. Si el empleado potencial se encuentra en los Estados Unidos con estatus válido de no inmigrante...

8. El Servicio de Ciudadanía e Inmigración de Estados Unidos ofrece información sobre diversos programas humanitarios y protección...

A) ...él o ella puede empezar a trabajar para el empleador cuando se apruebe el Formulario I-129 de solicitud.

B) ...a prepararse para el examen de naturalización e inspirarlos a aprender más acerca del tema.

C) ...como residente permanente legal durante cinco años antes de solicitar la naturalización.

D) ...después de un viaje al extranjero si no está fuera por más de un año.

E) ...para asistir a individuos extranjeros que necesitan refugio o ayuda debido a circunstancias como catástrofes, opresión, asuntos de emergencia médica u otras circunstancias urgentes.

F) ...es de cinco meses desde el día que el USCIS recibe la solicitud hasta el día que la persona es juramentada.

G) ...sólo si su marido también califica como el "padre" de ellos ante las leyes de inmigración de los Estados Unidos.

H) ...no está autorizado a votar en una elección federal ni en ninguna otra para la cual se requiera ciudadanía si no es ciudadano estadounidense.

Ejercicio 4

Lea un extracto de la sentencia del Tribunal de Justicia de la Unión Europea de 8 de marzo de 2011, caso *G.R.Z. y Office national de l'emploi (ONEm)*[3] y responda a las preguntas tipo *test*.

El 14 de abril de 1999, el Sr. G.R.Z. solicitó asilo en Bélgica, país en el que había entrado provisto de un visado expedido por la Embajada de Bélgica en Bogotá (Colombia). En febrero de 2000, su esposa, también de nacionalidad colombiana, solicitó igualmente el derecho al estatuto de refugiado en dicho Estado miembro.

Mediante resolución de 11 de septiembre de 2000, las autoridades belgas denegaron sus solicitudes, acompañando al mismo tiempo la orden de abandonar el territorio que se les notificó de una cláusula de no repatriación a Colombia, dada la situación de guerra civil existente en dicho país.

El 20 de octubre de 2000, el Sr. G.R.Z. presentó una solicitud de regularización de su estancia en virtud del artículo 9, párrafo tercero, de la Ley de 15 de diciembre de 1980. En su solicitud invocaba la imposibilidad absoluta de regresar a Colombia y el deterioro extremo de la situación en dicho país, resaltando por otro lado sus esfuerzos para integrarse en la sociedad belga, su aprendizaje del francés y la escolarización de su hijo en educación infantil, además del riesgo, en caso de regresar a Colombia, de que se agravara el síndrome postraumático grave que había sufrido en 1999 como consecuencia del secuestro durante una semana de su hijo, que a la sazón tenía tres años.

Mediante resolución de 8 de agosto de 2001 se desestimó esta solicitud. Dicha resolución fue objeto de recurso de anulación y de suspensión ante el Conseil d'État, que desestimó el recurso de suspensión mediante sentencia de 22 de mayo de 2003. Desde el 18 de abril de 2001, el Sr. G.R.Z. y su esposa están empadronados en el municipio de Schaerbeek (Bélgica). El 2 de octubre de 2001, el demandante en el litigio principal celebró un contrato de trabajo indefinido y a tiempo completo con la empresa P. con efectos desde el 1 de octubre de 2001, a pesar de que no tenía permiso de trabajo.

El 1 de septiembre de 2003, la esposa del Sr. G.R.Z. dio a luz a su segundo hijo, Diego, que adquirió la nacionalidad belga en virtud del artículo 10, párrafo primero, del Código de Nacionalidad belga, en la medida en que la ley colombiana no concede la nacionalidad a los nacidos fuera de territorio colombiano si sus progenitores no llevan a cabo expresamente los trámites necesarios para que la adquieran. Se desprende además de la resolución de remisión que cuando nació su segundo hijo, el Sr. G.R.Z. disponía, por razón de su actividad profesional, de recursos suficientes para poder mantenerle. Dicha actividad generaba el pago de una remuneración con arreglo a distintos baremos aplicables, sujeta a la retención legal de las cotizaciones de seguridad social, y al pago de las cotizaciones empresariales.

La solicitud de residencia permanente del Sr. G.R.Z. se desestimó el 8 de noviembre de 2005, debido a que éste "no puede invocar la aplicación del artículo 40 de la Ley de 15 de diciembre de 1980, ya que ha ignorado las leyes de su país ya que no inscribió a su hijo ante las autoridades diplomáticas o consulares, sino que siguió correctamente los procedimientos que tenía a su disposición para obtener la nacionalidad belga [para dicho hijo] e intentar posteriormente regularizar su propia estancia sobre esta base". El 26 de enero de 2006, se desestimó la solicitud de residencia permanente de su esposa por idéntico motivo. [...]

Mediante esta cuestión prejudicial, el tribunal nacional remitente desea saber, en esencia, si las disposiciones del Tratado de Funcionamiento de la Unión Europea (TFUE) sobre la ciudadanía de la Unión deben interpretarse en el sentido de que confieren al ascendiente, nacional de un Estado tercero, que asume la manutención de sus hijos de corta edad, ciudadanos de la Unión, un derecho de residencia en el Estado miembro del que los menores son nacionales y en el que residen, al igual que una exención del requisito de tener permiso de trabajo en dicho Estado miembro.

Todos los Gobiernos que han presentado observaciones al Tribunal de Justicia de la Unión Europea alegan que una situación como la del segundo y tercer hijo del Sr. G.R.Z. no está incluida entre las situaciones previstas por las libertades de circulación y residencia garantizadas por el Derecho de la Unión, en la medida en que los menores residen en el Estado miembro del que son nacionales y nunca han abandonado dicho Estado miembro. Por lo tanto, consideran que las disposiciones del Derecho de la Unión a que se refiere el tribunal remitente no son de aplicación al litigio principal.

En cambio, el Sr. G.R.Z. afirma que la invocación de las disposiciones relativas a la ciudadanía de la Unión por parte de sus hijos Diego y Jessica no implica un desplazamiento de éstos fuera del Estado miembro en cuestión y que él mismo, como miembro de la familia, puede tener un derecho de residencia y estar exento del permiso de trabajo en dicho Estado miembro.

En primer lugar, es preciso señalar que, con arreglo al apartado 1 del artículo 3 de la Directiva 2004/38, titulado "Beneficiarios", ésta se aplica a cualquier ciudadano de la Unión que "se traslade a, o resida en, un Estado miembro distinto del Estado del que tenga la nacionalidad, así como a los miembros de su familia". Por tanto, dicha Directiva no es de aplicación a una situación como la controvertida en el litigio principal.

El artículo 20 TFUE confiere el estatuto de ciudadano de la Unión a toda persona que tenga la nacionalidad de un Estado miembro. Al tener la nacionalidad belga, cuyos requisitos de adquisición son competencia del Estado miembro de que se trata, los segundo y tercer hijos del demandante en el litigio principal tienen derecho a este estatuto de manera incontestable.

El Tribunal de Justicia ha señalado en diversas ocasiones que la vocación del estatuto de ciudadano de la Unión es convertirse en el estatuto fundamental de los nacionales de los Estados miembros. En estas circunstancias, el artículo 20 TFUE se opone a medidas nacionales que tengan por efecto privar a los ciudadanos de la Unión del disfrute efectivo de la esencia de los derechos conferidos por su estatuto de ciudadano de la Unión. Pues bien, la negativa a conceder un permiso de residencia a una persona, nacional de un Estado tercero, en el Estado miembro en el que residen sus hijos de corta edad, nacionales de dicho Estado miembro, cuya manutención asume, y la negativa a concederle un permiso de trabajo, tienen tal efecto.

En efecto, debe considerarse que tal denegación del permiso de residencia tendrá como consecuencia que los mencionados menores, ciudadanos de la Unión, se verán obligados a abandonar el territorio de la Unión para acompañar a sus progenitores. Del mismo modo, si no se concede un permiso de trabajo a tal persona, ésta corre el riesgo de no disponer de los recursos necesarios para poder satisfacer sus propias necesidades y las de su familia, lo que tendrá también como consecuencia que sus hijos, ciudadanos de la Unión, se verán obligados a abandonar el territorio de ésta. En tales circunstancias, estos ciudadanos de la Unión se verán, de hecho, en la imposibilidad de ejercer la esencia de los derechos que les confiere su estatuto de ciudadanos de la Unión.

1. En esta sentencia se afirma que...
    A) ambos miembros del matrimonio tienen nacionalidad de un país europeo.
    B) el esposo tiene nacionalidad de un país europeo.
    C) la esposa tiene nacionalidad de un país europeo.
    D) ninguna de las tres respuestas anteriores es correcta.

2. En esta sentencia se afirma que...
    A) al matrimonio le fue concedido el estatuto de refugiado antes de salir de Colombia.
    B) al matrimonio le fue concedido el estatuto de refugiado al llegar a Bélgica.
    C) al matrimonio no le fue concedido el estatuto de refugiado en Bélgica.
    D) se ordenó que el matrimonio fuese repatriado a Colombia.

3. La solicitud de regularización del esposo...
    A) fue autorizada por las autoridades colombianas.
    B) fue autorizada por las autoridades belgas.
    C) fue denegada por las autoridades belgas.
    D) se concedió temporalmente por parte de las autoridades belgas, en cuanto no mejorase la situación en Colombia.

4. En este caso…
    A) la ausencia de permiso de trabajo no impidió que el esposo trabajase en un país comunitario.
    B) Diego es doble nacional belga-colombiano.
    C) Jessica, por el hecho de ser mujer, no puede ser doble nacional.
    D) la solicitud de residencia permanente del matrimonio fue desestimada por parte de las autoridades competentes colombianas.

5. El Tribunal de la Unión Europea considera que…
    A) esta cuestión prejudicial es innecesaria.
    B) el caso se resuelve aplicando el artículo 5 del Tratado de Funcionamiento de la Unión Europea.
    C) el mismo problema se plantea en los países que han presentado observaciones ante el Tribunal.
    D) es correcto que el tribunal belga plantease una cuestión prejudicial ante el Tribunal de Justicia de la Unión Europea.

6. El Tribunal de Justicia de la Unión Europea declara que
    A) los requisitos para adquirir la nacionalidad belga son determinados por Bélgica.
    B) los requisitos para adquirir la nacionalidad belga son determinados por la Unión Europea.
    C) depende de lo que se decida en este caso.
    D) ninguna de las tres respuestas anteriores es correcta.

7. El artículo 3 de la Directiva 2004/38…
    A) es aplicable a este caso porque los niños tienen nacionalidad belga.
    B) no es aplicable a este caso porque los padres tienen nacionalidad colombiana.
    C) es aplicable a este caso porque el primer hijo había residido en España con sus padres.
    D) no es aplicable a este caso porque los niños no tienen nacionalidad colombiana.

8. La negativa a conceder un permiso de residencia o trabajo en Bélgica a unos padres colombianos que residen y mantienen económicamente en Bélgica a sus hijos menores de nacionalidad belga...

   A) no supone una violación de los principios básicos de la Unión Europea.

   B) impide a los hijos el disfrute efectivo de los derechos vinculados al estatuto de ciudadano de la Unión.

   C) no supone una violación de los principios básicos de la Unión Europea si dicha negativa no repercute negativamente en el estatus económico de la familia.

   D) ninguna de las tres respuestas anteriores es correcta.

Ejercicio 5

Lea el siguiente texto y determine si las siguientes afirmaciones son verdaderas o falsas.

En Estados Unidos (EE.UU.) se ha generado un intenso debate en torno a los conocidos como "niños ancla". La denominación refleja que su nacimiento en territorio estadounidense ancla a sus progenitores (en muchas ocasiones, padres hispanos que residen ilegalmente en EE.UU.) en dicho país. Ello es consecuencia de la 14ª Enmienda, que garantiza la ciudadanía a todas las personas nacidas en Estados Unidos. Aunque la actual ley de inmigración establece que hasta que estos niños no alcancen la mayoría de edad legal no pueden patrocinar la petición de residencia de sus ascendientes, una parte de la sociedad estima que los niños ancla están elevando de forma inaceptable la presión demográfica que vive el país. Por eso, se han lanzado propuestas de modificación legislativa, que pretenden por ejemplo que no se otorgue la ciudadanía estadounidense a los hijos de residentes ilegales en el país. En un momento de crisis económica se alega que la nación no puede asumir el elevado coste de los programas de beneficios sociales de los que participan estas familias. Otra parte de la sociedad está radicalmente en contra de dicha propuesta, ya que desde esta perspectiva supone una violación de derechos humanos básicos y aún incrementaría más las dificultades de inserción social de los extranjeros pertenecientes a clases sociales desfavorecidas. El aumento de los niños ancla refleja también un cambio de perfil en la inmigración a Estados Unidos. Si bien hace unas décadas la mayoría de los inmigrantes eran varones que buscaban oportunidades laborales para poder enviar divisas a su país de origen, existen estadísticas que indican que en la última década más mujeres que hombres han cruzado ilegalmente la frontera. Algunas de ellas pretenden reunirse con sus parejas emigradas y fundar una familia, mientras que otras crean una familia al llegar a la "tierra prometida".

V F   • Actualmente, tener un hijo que sea de nacionalidad estadounidense no permite a los padres acceder también automáticamente a esta nacionalidad.

V F   • Se usa la denominación "niño ancla" porque el nacimiento en territorio estadounidense lastra a los niños, que ya no van a poder adquirir otra nacionalidad aparte de la estadounidense.

V F   • Existe mucha inmigración latina en EE.UU.

V F   • La crisis económica estadounidense ha hecho que el nacimiento de niños ancla se haya frenado radicalmente.

V F   • Se ha modificado la Constitución estadounidense para evitar el nacimiento de más niños ancla.

V F   • La sociedad estadounidense está dividida al hilo de un fenómeno como los niños ancla.

V F   • Las prestaciones sociales estadounidenses se conceden en muchas ocasiones a emigrantes sin grandes recursos económicos.

V F   • Es factible que en el futuro no se otorgue la nacionalidad estadounidense a todos los niños que nacen en territorio de este país.

V   F   • El perfil del inmigrante que llega a EE.UU. es el de un varón de mediana edad.

V   F   • El de los niños ancla es un fenómeno potenciado por los países de origen de los progenitores.

Notas

1. http://www.migracion.gob.pa/.
2. http://www.uscis.gov/portal/site/uscis-es.
3. Texto no auténtico, que puede obtenerse gratuitamente en la *web*: http://curia.europa.eu/jcms/jcms/j_6/.

Capítulo 8

Derechos humanos

Ejercicio 1

ablación
activista
amnistía
asegurar/garantizar
campamento de refugiados
Carta de las Naciones Unidas
centro de emergencia
color
comisión de la verdad
comisionado
conflicto armado
consolidación democrática
cooperación al desarrollo
cooperante
corrupción
corte internacional de justicia
crimen de estado
declaración de derechos
derecho al/a la honor/intimidad/
   propia imagen
derecho natural
derechos de la infancia
derechos de primera/segunda/
   tercera generación
derechos del hombre

derechos económicos, sociales y
   culturales
derechos fundamentales
desaparecido
desastre natural
descolonización
diálogo de civilizaciones
dictadura
dignidad humana
discapacitado
discriminación
disidente
documento declarativo
educación gratuita
educación obligatoria
epidemias
esclavitud
estado de derecho
explotación infantil
garantías procesales
genocidio
guerra civil
hambruna
igualdad
implementar

inalienable/irrenunciable

indigenismo

indignados

injerencia arbitraria

insurgencia

justicia

justicia transicional

libertad

libertad de culto

libertad de pensamiento

libertad de prensa

libertad religiosa

Madres de la Plaza de Mayo

malnutrición

manifestante

memoria histórica

minoría

misión de paz

misión humanitaria

mortalidad infantil

mutilación genital

nacimiento

opinión política

organización no gubernamental
   (ONG)

origen nacional o social

países en vías de desarrollo

paz

persecución

población desplazada

población romaní

políticas públicas

posición económica

privación

progreso social

propiedad

protección

pueblo

raza

reivindicación

religión

represión

respeto

seguridad

sensibilizar

señores de la guerra

servicio secreto

servidumbre

sexo

solidaridad

tercer mundo

terrorismo

tortura

transición a la democracia

trata de blancas

tratos crueles, inhumanos o
   degradantes

tribunal penal internacional

tribunales de excepción

víctima

víctimas del terrorismo

vida

Ejercicio 2

Complete estos artículos de la Declaración Universal de Derechos Humanos[1] con las palabras que se le ofrecen.

Artículo 14: En caso de _____ toda persona tiene derecho a buscar _____ y a disfrutar de él, en cualquier país. Este derecho no podrá ser invocado contra una acción _____ realmente originada por _____ comunes o por actos opuestos a los propósitos y principios de las Naciones Unidas.

judicial, persecución, asilo, delitos

Artículo 18: Toda persona tiene derecho a la libertad de _____, de conciencia y de religión; este derecho _____ la libertad de cambiar de religión o de creencia, así como la libertad de _____ su religión o su creencia, individual y colectivamente, tanto en público como en _____, por la enseñanza, la _____, el culto y la observancia.

privado, incluye, ensamiento, manifestar, práctica

Artículo 21: Toda persona tiene derecho a participar en el _____ de su país, directamente o por medio de _____ libremente escogidos. Toda persona tiene el derecho de acceso, en condiciones de igualdad, a las _____ públicas de su país. La voluntad del _____ es la base de la autoridad del poder público; esta voluntad se expresará mediante _____ auténticas que habrán de celebrarse periódicamente, por sufragio _____ e igual y por voto secreto u otro procedimiento equivalente que garantice la _____ del voto.

funciones, universal, pueblo, gobierno, representantes, elecciones, libertad

Artículo 26: Toda persona tiene _____ a la educación. La educación debe ser gratuita, al menos en lo concerniente a la instrucción _____ y fundamental. La instrucción será obligatoria. La _____ técnica y profesional habrá de ser generalizada; el acceso a los estudios superiores será igual para todos, en función de los _____ respectivos. La educación tendrá por objeto el pleno _____ de la personalidad humana y el fortalecimiento del _____ a los derechos humanos y a las libertades fundamentales; favorecerá la comprensión, la _____ y la amistad entre todas las naciones y todos los grupos étnicos o religiosos, y promoverá el desarrollo de las actividades de las Naciones Unidas para el mantenimiento de la _____.

paz, respeto, derecho, méritos, desarrollo, elemental, instrucción, tolerancia

Artículo 29: Toda persona tiene _____ respecto a la comunidad, puesto que sólo en ella puede desarrollar libre y plenamente su _____. En el ejercicio de sus derechos y en el disfrute de sus _____, toda persona estará solamente sujeta a las _____ establecidas por la ley con el único fin de asegurar el reconocimiento y el respeto de los derechos y libertades de los demás, y de _____ las justas exigencias de la moral, del _____ público y del bienestar general en una sociedad _____.

democrática, deberes, personalidad, orden, satisfacer, libertades, limitaciones

Ejercicio 3

Reconstruya las siguientes frases, extraídas de varias páginas *web* de organizaciones no gubernamentales (ONGs).[2]

1. El guardia, que fue arrestado el 19 de agosto de 2010, bajo sospechas de opresión oficial y retención ilegal...

2. Luego del golpe de estado, las fuerzas de seguridad cometieron graves violaciones de derechos humanos...

3. Comprométanse a no darle la espalda...

4. La violencia contra las mujeres y las niñas es probablemente...

5. Algunos gobiernos se sirven de las desapariciones forzadas como herramienta de represión...

6. En otros lugares la homosexualidad no está penada legalmente, pero gobernantes, políticos, religiosos y medios de comunicación alientan la violencia contra estas personas...

7. Cuando compramos comida, estamos interactuando en el mercado global del trigo y las recientes subidas de precio...

8. En este país africano, además de la sequía, se suman décadas de conflicto y de ausencia de gobierno...

    A) ...como el rutinario uso excesivo de la fuerza contra manifestantes, el asesinato de algunos de ellos y la detención arbitraria de miles de personas que se opusieron al golpe.

    B) ...a millones de personas que en el mundo padecen diariamente graves violaciones a sus derechos.

    C) ...y las dificultades de las agencias humanitarias para llegar a los necesitados, que cada vez más optan por escapar a los estados vecinos.

    D) ...de algunas materias primas como el trigo han sido provocadas en gran medida porque la demanda supera la oferta.

E)   …supuestamente asaltó sexualmente a varias mujeres cuando eran trasladadas a un aeropuerto y una estación de autobuses donde iban a ser puestas en libertad.

F)   …con su discurso homofóbico, fomentando un clima de intolerancia y discriminación contra lesbianas, homosexuales, bisexuales y personas transgénero.

G)   …para acallar la disidencia y para eliminar cualquier oposición política, así como para perseguir a grupos étnicos, religiosos y políticos.

H)   …la violación de los derechos humanos más habitual y que afecta a un mayor número de personas.

Ejercicio 4

Lea el extracto de la sentencia *Caso Torres Millacura (I.E.T.M.) y otros vs. Argentina*, de 26 de agosto de 2011, de la Corte Interamericana de Derechos Humanos[3] y responda a las preguntas tipo *test*.

[…] El Tribunal considera razonable afirmar que I.E.T.M. fue detenido con base en el artículo 10, inciso b) de la Ley 815 y que fue desaparecido forzosamente por agentes del Estado, lo cual no sólo fue contrario al derecho a su libertad personal sino que, por la naturaleza misma de la desaparición forzada, también lo colocó en una grave situación de vulnerabilidad y riesgo de sufrir daños irreparables a su integridad personal y vida. En este sentido, esta Corte ha sostenido que la desaparición forzada es violatoria del derecho a la integridad personal porque "el solo hecho del aislamiento prolongado y de la incomunicación coactiva, representa un tratamiento cruel e inhumano […] en contradicción con los párrafos 1 y 2 [del artículo 5 de la Convención]".

Por otro lado, la Corte ha considerado que el contenido propio del derecho al reconocimiento de la personalidad jurídica es que, precisamente, se reconozca a la persona, "[e]n cualquier parte como sujeto de derechos y obligaciones, y a gozar de los derechos civiles fundamentales [lo cual] implica la capacidad de ser titular de derechos (capacidad y goce) y de deberes; la violación de aquel reconocimiento supone desconocer en términos absolutos la posibilidad de ser titular de [los] derechos y deberes [civiles y fundamentales]". Este derecho representa un parámetro para determinar si una persona es titular o no de los derechos de que se trate y si los puede ejercer, por lo que la violación de aquel reconocimiento hace al individuo vulnerable frente al Estado o particulares. De este modo, el contenido del derecho al reconocimiento de la personalidad jurídica se refiere al correlativo deber general del Estado de procurar los medios y condiciones jurídicas para que ese derecho pueda ser ejercido libre y plenamente por sus titulares o, en su caso, a la obligación de no vulnerar dicho derecho. En tal sentido, este Tribunal ha estimado que, en casos de desaparición forzada, atendiendo al carácter múltiple y complejo de esta grave violación de derechos humanos, su ejecución puede conllevar la vulneración específica del derecho al reconocimiento de la personalidad jurídica. Más allá de que la persona desaparecida no pueda continuar gozando y ejerciendo otros, y eventualmente todos, los derechos de los cuales también es titular, su desaparición busca no sólo una de las más graves formas de sustracción de una persona de todo ámbito del ordenamiento jurídico, sino también negar su existencia misma y dejarla en una suerte de limbo o situación de indeterminación jurídica ante la sociedad y el Estado.

En el presente caso, el señor I.E.T.M. fue puesto en una situación de indeterminación jurídica que anuló la posibilidad de ser titular o ejercer en forma efectiva sus derechos en general, lo cual constituye una de las más graves formas de incumplimiento de las obligaciones estatales de respetar y garantizar los derechos humanos. Esto se tradujo en una violación del derecho al reconocimiento de su personalidad jurídica, establecido en el artículo 3 de la Convención Americana. Por lo tanto, de lo anterior la Corte estima que el Estado violó los derechos reconocidos en los artículos 3, 4.1, 5.1, 5.2, 7.1, 7.2 y 7.3 de la Convención Americana, en relación con los artículos 1.1 y 2 de la misma, todos ellos en relación con las obligaciones establecidas en los artículos I.a), II y XI de la Convención Interamericana sobre Desaparición Forzada, en perjuicio del señor I.E.T.M. [...]

De todo lo anterior, el Tribunal concluye que la investigación de las detenciones, los actos de tortura sufridos por el señor I.E.T.M. y su posterior desaparición forzada, en su conjunto, no han sido llevadas a cabo de forma diligente y dentro de un plazo razonable. Por lo tanto, la Corte considera que el Estado violó los derechos establecidos en los artículos 8.1 y 25.1 de la Convención Americana, en relación con el artículo 1.1 de la misma, en perjuicio de M.L.M.L., F.V. y M.A.T.M., familiares del señor I.E.T.M. Asimismo, el Tribunal estima que la falta de investigación de la desaparición forzada del señor I.E.T.M. y de los actos de tortura de que fue objeto también configura un incumplimiento de las obligaciones consagradas en el artículo I.b) de la Convención sobre Desaparición Forzada, y en los artículos 1, 6 y 8 de la Convención contra la Tortura en perjuicio de aquéllos. Tales artículos imponen a los Estados Partes la obligación de investigar las conductas prohibidas por dichos tratados y de sancionar a los responsables [...]

El Tribunal dispone por unanimidad, que:

— Esta Sentencia constituye *per se* una forma de reparación.

— El Estado deberá iniciar, dirigir y concluir las investigaciones y procesos necesarios, en un plazo razonable, con el fin de establecer la verdad de los hechos, así como de determinar y, en su caso, sancionar a todos los responsables de lo sucedido a I.E.T.M., en los términos de los párrafos 164 a 168 de la presente Sentencia.

— El Estado deberá continuar la búsqueda efectiva del paradero del señor I.E.T.M., en los términos del párrafo 166 del presente Fallo.

— El Estado deberá implementar, en un plazo razonable, un programa o curso obligatorio sobre derechos humanos dirigido a los policías de todos los niveles jerárquicos de la Provincia del Chubut, en los términos del párrafo 173 del presente Fallo.

— El Estado deberá pagar las cantidades fijadas en los párrafos 184 a 186, 192 y 200 de la presente Sentencia, por concepto de indemnización por daño material e inmaterial, y por reintegro de costas y gastos, según corresponda, de conformidad con los párrafos 184 a 187, 191 a 192, 197 a 200, y 206 a 212 de la misma.

— El Estado deberá reintegrar al Fondo de Asistencia Legal a Víctimas de la Corte Interamericana de Derechos Humanos la suma erogada durante la tramitación del presente caso, en los términos de lo establecido en los párrafos 201 a 203 de este Fallo.

— Dentro del plazo de un año a partir de la notificación de esta Sentencia, el Estado deberá rendir al Tribunal un informe sobre las medidas adoptadas para darle cumplimiento.

Conforme a lo establecido en la Convención Americana sobre Derechos Humanos, la Corte supervisará el cumplimiento íntegro de esta Sentencia y dará por concluido el presente caso una vez que el Estado haya dado cabal ejecución a lo dispuesto en la misma. El Juez E.V.G. hizo conocer a la Corte su Voto Concurrente, el cual acompaña esta Sentencia.

1. Según esta sentencia, I.E.T.M....
    A) desapareció voluntariamente.
    B) desapareció involuntariamente.
    C) desapareció temporalmente.
    D) ya ha regresado.

2. El derecho a la integridad personal...
    A) ha sido violado en este caso.
    B) no se recoge expresamente en la legislación argentina.
    C) no fue violado en este caso.
    D) ninguna de las afirmaciones anteriores es correcta.

3. La personalidad jurídica...
    A) del desaparecido sigue existiendo.
    B) se ve afectada por la desaparición forzada.
    C) del Estado le permite secuestrar a sus ciudadanos cuando sea estrictamente necesaria.
    D) del desaparecido pasa a sus herederos.

4. En este caso, la Convención Americana…
    A) no ha sido violada.
    B) ha sido violada únicamente por la desaparición del sujeto.
    C) ha sido violada únicamente por la desaparición y tortura del sujeto.
    D) ha sido violada por la desaparición y tortura del sujeto, así como por la falta de investigación adecuada por parte del Estado argentino.

5. Los familiares del señor I.E.T.M.…
    A) también han desaparecido.
    B) ya han fallecido.
    C) han sufrido las consecuencias negativas de la negligente investigación por parte del Estado.
    D) ninguna de las respuestas anteriores es correcta.

6. En el fallo de la sentencia se decide…
    A) hacer responsables subsidiarios a los policías de la Provincia de Chubut.
    B) despedir fulminantemente a estos policías.
    C) intentar reeducarlos.
    D) reforzar la plantilla policial de dicha provincia.

7. En el fallo de la sentencia se decide…
    A) indemnizar a I.E.T.M.
    B) indemnizar a sus familiares.
    C) indemnizar a los familiares de todas las víctimas argentinas.
    D) ninguna de las respuestas anteriores es correcta.

8. En este caso…
    A) el tribunal va a hacer un seguimiento del cumplimiento de la sentencia.
    B) Argentina ha sido absuelta.
    C) ningún magistrado ha emitido un voto concurrente.
    D) ninguna de las respuestas anteriores es correcta.

Ejercicio 5

Lea el artículo 23 de la española Ley Orgánica 6/1985, de 1 de julio, del Poder Judicial, referido a la jurisdicción universal[4] y determine si las siguientes afirmaciones son verdaderas o falsas.

Artículo 23.

1. En el orden penal corresponderá la jurisdicción española el conocimiento de las causas por delitos y faltas cometidos en territorio español o cometidos a bordo de buques o aeronaves españoles, sin perjuicio de lo previsto en los tratados internacionales en que España sea parte.

2. Asimismo conocerá de los hechos previstos en las leyes penales españolas como delitos, aunque hayan sido cometidos fuera del territorio nacional, siempre que los criminalmente responsables fueren españoles o extranjeros que hubieren adquirido la nacionalidad española con posterioridad a la comisión del hecho y concurrieren los siguientes requisitos:

a. Que el hecho sea punible en el lugar de ejecución, salvo que, en virtud de un Tratado internacional o de un acto normativo de una Organización internacional de la que España sea parte, no resulte necesario dicho requisito.

b. Que el agraviado o el Ministerio Fiscal denuncien o interpongan querella ante los Tribunales españoles.

c. Que el delincuente no haya sido absuelto, indultado o penado en el extranjero, o, en este último caso, no haya cumplido la condena. Si solo la hubiere cumplido en parte, se le tendrá en cuenta para rebajarle proporcionalmente la que le corresponda.

3. Conocerá la jurisdicción española de los hechos cometidos por españoles o extranjeros fuera del territorio nacional cuando sean susceptibles de tipificarse, según la ley penal española, como alguno de los siguientes delitos:

a.   De traición y contra la paz o la independencia del Estado.

b.   Contra el titular de la Corona, su Consorte, su Sucesor o el Regente.

c.   Rebelión y sedición.

d.   Falsificación de la firma o estampilla reales, del sello del Estado, de las firmas de los Ministros y de los sellos públicos u oficiales.

e.   Falsificación de la moneda española y su expedición.

f.   Cualquier otra falsificación que perjudique directamente al crédito o intereses del Estado, e introducción o expedición de lo falsificado.

g.   Atentado contra autoridades o funcionarios públicos españoles.

h.   Los perpetrados en el ejercicio de sus funciones por funcionarios públicos españoles residentes en el extranjero y los delitos contra la Administración Pública española.

i.   Los relativos al control de cambios.

4. Igualmente, será competente la jurisdicción española para conocer de los hechos cometidos por españoles o extranjeros fuera del territorio nacional susceptibles de tipificarse, según la Ley española, como alguno de los siguientes delitos:

a.   Genocidio y lesa humanidad.

b.   Terrorismo.

c.   Piratería y apoderamiento ilícito de aeronaves.

d.   Delitos relativos a la prostitución y corrupción de menores e incapaces.

e.   Tráfico ilegal de drogas psicotrópicas, tóxicas y estupefacientes.

f.   Tráfico ilegal o inmigración clandestina de personas, sean o no trabajadores.

g. Los relativos a la mutilación genital femenina, siempre que los responsables se encuentren en España.

h. Cualquier otro que, según los tratados y convenios internacionales, en particular los Convenios de derecho internacional humanitario y de protección de los derechos humanos, deba ser perseguido en España.

Sin perjuicio de lo que pudieran disponer los tratados y convenios internacionales suscritos por España, para que puedan conocer los Tribunales españoles de los anteriores delitos deberá quedar acreditado que sus presuntos responsables se encuentran en España o que existen víctimas de nacionalidad española, o constatarse algún vínculo de conexión relevante con España y, en todo caso, que en otro país competente o en el seno de un Tribunal internacional no se ha iniciado procedimiento que suponga una investigación y una persecución efectiva, en su caso, de tales hechos punibles.

El proceso penal iniciado ante la jurisdicción española se sobreseerá provisionalmente cuando quede constancia del comienzo de otro proceso sobre los hechos denunciados en el país o por el Tribunal a los que se refiere el párrafo anterior.

5. Si se tramitara causa penal en España por los supuestos regulados en los anteriores apartados 3 y 4, será en todo caso de aplicación lo dispuesto en la letra *c* del apartado 2 del presente artículo.

V   F   • Según este texto, no existe ninguna excepción convencional a que los delitos cometidos en España sean enjuiciados en España.

V   F   • Los requisitos contenidos en el artículo 23.2 son cumulativos.

V   F   • Los tribunales españoles nunca podrán conocer de delitos cometidos por españoles fuera de España.

V   F   • Los tribunales penales españoles pueden conocer de delitos cometidos por extranjeros en el extranjero, incluso si el caso no tiene ninguna conexión relevante con España.

V   F   • Los tribunales penales españoles pueden conocer de un delito de ablación cometido por un extranjero en el extranjero, si éste se halla en España.

V   F   • Es positivo que dos tribunales penales nacionales inicien simultáneamente procedimientos que supongan una investigación y una persecución efectiva de estos delitos especialmente graves.

V   F   • Los tribunales internacionales no tienen competencia para juzgar los delitos citados en el artículo 23.3 y 23.4.

V   F   • Para que conozcan los tribunales españoles, el delito de piratería no ha de producirse necesariamente en mar territorial español.

V   F   • En algunas circunstancias, los tribunales españoles pueden conocer de casos de tráfico de personas transfronterizos.

V   F   • La Ley Orgánica del Poder Judicial es una norma nacional que establece en qué supuestos van a conocer de un caso los tribunales españoles.

Notas

1. http://www.un.org/es/documents/udhr/.
2. http://www.hrw.org/es/, http://www.es.amnesty.org/, http://www.inter monoxfam.org/.
3. http://www.corteidh.or.cr/casos.cfm.
4. http://noticias.juridicas.com/base_datos/Admin/lo6-1985.html.

Capítulo 9

Litigación y arbitraje internacional

Ejercicio 1

aclaración
acta de misión
actividad consular
acto *iuri gestionis*
acto *iuri imperii*
adaptación
amicus curiae
anulación
aplicación extraterritorial
arancel
arbitraje *ad hoc*
arbitraje institucional
árbitro
árbitro de emergencia
armonización
asistencia juridical gratuita
audiencia
autoridad extranjera
autoridad nominadora
Cámara de Comercio
    Internacional
CIADI (Centro Internacional
    de Arreglo de Diferencias
    Relativas a Inversiones)
cláusula de sumisión
comisión rogatoria

conciliación
conexidad
Conferencia de La Haya
confidencialidad
consolidación
cooperación internacional de
    autoridades
costumbre internacional
demanda
derecho comparado
derecho contractual europeo
derecho internacional privado
    europeo
derecho interregional
designación
diferencia/controversia
directiva comunitaria
eficacia espacial de las normas
eficacia temporal de las normas
ex aequo et bono
expediente
extralimitación
foro alternativo
foro exorbitante
forum non conveniens
fraude de ley

honorarios
Incoterms
inmunidad
instrucción
internacionalización
jurisdicción
laudo
lex mercatoria
ley aplicable
lista
litispendencia
matrimonio mixto
medidas cautelares
multiculturalidad
multiplicidad de partes
norma de conflicto
normas aplicables al fondo
normas aplicables al
  procedimiento
notificación internacional
número impar de árbitros
orden público
panel
pluralidad de formas de
  celebración
principio de personalidad

principio de territorialidad
privilegios
pronunciamiento
protección diplomática
provisión para gastos
prueba de derecho extranjero
punto de conexión
rebeldía
reconocimiento o ejecución
recusación
reenvío de primer o segundo
  grado
reglamento comunitario
reglamento UNCITRAL
resolución alternativa de
  conflictos (RAC)
revisión
sede
solicitud
sucesión de normas
sumisión expresa o tácita
sustitución
sustracción internacional de
  menores
uniformización

Ejercicio 2

Introduzca en este contrato las siguientes palabras:

plazo, capacidad, imputable, exonera, F.O.B., notificar, carta de crédito, cerciorado, aptas, gravamen, constitutiva, cláusula, conocimiento, mercadería, beneficiario, indemnización, libres, moratorio, obligarse, conformidad, distribución

Contrato de compraventa que celebran por una parte la empresa Intermerch Inc., en lo sucesivo, "el vendedor" y, por otra parte, la empresa Martínez S.A., en lo sucesivo, "el comprador".

Declara el vendedor: Que es una sociedad con establecimiento comercial ubicado en la Ciudad de Nueva York, Estado de Nueva York en la calle 57, número 142, cuya acta _____ se encuentra inscrita en el Registro Público de Comercio del Estado de Delaware, en Estados Unidos. Que entre sus actividades se encuentra la _____ de máquinas compresoras, incluyendo las que desea adquirir el comprador.

Declara el comprador: Que es una sociedad mercantil con su establecimiento comercial ubicado en la Ciudad de Caracas, en la calle Buenaventura número 45, cuya acta constitutiva se encuentra inscrita en el Registro Público de Comercio de la Ciudad de Caracas, Venezuela. Que desea adquirir del vendedor la mercancía se describe en la _____ primera del presente contrato.

Declaran ambas partes: Que se reconocen de manera recíproca la _____ con la que comparecen a la firma del presente contrato, y que la autoridad para celebrar el presente contrato no les ha sido limitada ni revocada de cualquier forma. Que desean _____ jurídicamente según las siguientes cláusulas:

§ 1. Objeto del Contrato. El vendedor vende y el comprador compra la _____ identificada como 10,000 máquinas compresoras para destino industrial, modelo 12500 MX.

§ 2. Términos de Precio y Entrega. Las mercaderías serán entregadas _____, según indican los Incoterms 2010 publicados por la Cámara de Comercio Internacional.

§ 3. Monto, Forma de Pago del Precio, Intereses. El precio a pagarse por las mercaderías será el de 500.000 dólares estadounidenses. El pago se realizará mediante una _____, señalando al vendedor como _____, y especificando que el pago se hará al presentarse los siguientes documentos: la factura comercial, certificado de origen, copia del

_____ de embarque, póliza de seguro
marítimo, y una letra de cambio. Si por cualquier razón la carta
de crédito fuera incobrable por causa _____
al comprador, se le aplicará un interés _____
del 2.5% mensual por el tiempo que dura el retraso en el pago. El
mismo interés aplicará para aquellos casos en que cualquiera de
las partes tenga la obligación de hacer un pago en dinero por concepto de _____ por cualquier otra ra-
zón a la otra parte.

§ 4. Garantías del Vendedor al Comprador. El vendedor garantiza por un plazo de seis (6) meses que las mercaderías son
_____ para el uso típico que se le
da a mercaderías de esta categoría.

§ 5. Reclamaciones de Terceros. El vendedor garantiza que las mercaderías se encuentran _____ de
cualesquiera reclamaciones de terceros, incluyendo reclamaciones derivadas de la propiedad de las mismas, de que se encuentra sujetas a un _____, o de que
un tercero es el titular de algún derecho de propiedad intelectual. Previo a la celebración del contrato el comprador se habrá _____ de que las mercaderías del
vendedor pueden importarse a su país o al país de destino final de
las mercaderías sin infringir ningún derecho de propiedad intelectual, por lo que _____ al vendedor de
cualquier reclamo por terceros relativos a los derechos de propiedad intelectual descritos en esta cláusula.

§ 6. Periodo para inspeccionar y _____
al comprador reclamaciones relacionadas con el contrato.
A partir de que el comprador tenga oportunidad de inspeccionar las mercaderías, deberá examinarlas dentro de un
_____ no mayor de quince días.
En caso de cualquier falta de _____
deberá notificar al vendedor, dentro de los quince días siguientes a su descubrimiento, tal falta de conformidad por escrito, o por

cualquier otro medio, incluyendo los electrónicos especificando en que consiste la falta de conformidad alegada.

Ejercicio 3

Las siguientes frases, pertenecientes al Reglamento 44/2001 y Reglamento Roma I de la Unión Europea, han sido fraccionadas en dos partes. Conéctelas de nuevo para que tengan sentido.

1. La acción entablada contra el consumidor por la otra parte contratante sólo podrá interponerse...

2. En materia contractual, las personas domiciliadas en un Estado miembro podrán ser demandadas en otro Estado miembro...

3. Son exclusivamente competentes, sin consideración del domicilio, en materia de derechos reales inmobiliarios y de contratos de arrendamiento de bienes inmuebles...

4. Si las partes, cuando al menos una de ellas tuviere su domicilio en un Estado miembro, hubieren acordado que un tribunal o los tribunales de un Estado miembro fueren competentes para conocer de cualquier litigio que hubiere surgido o que pudiere surgir con ocasión de una determinada relación jurídica...

5. No podrá excluirse la aplicación de una disposición de la ley designada por el presente Reglamento...

6. El contrato...

7. A falta de elección, el contrato de venta de bienes...

8. Cuando el presente Reglamento establezca la aplicación de la ley de un país, se entenderá por tal...

A) ...ante el tribunal del Estado miembro en el que, según el contrato, hubieren sido o debieren ser entregadas las mercaderías.

B) ...tal tribunal o tales tribunales serán competentes.

C)   ...ante los tribunales del Estado miembro en que estuviere domiciliado el consumidor.

D)   ...los tribunales del Estado miembro donde el inmueble se hallare sito.

E)   ...las normas jurídicas materiales en vigor en ese país, con exclusión de las normas de Derecho internacional privado, salvo que el presente Reglamento disponga lo contrario.

F)   ...salvo cuando sea manifiestamente incompatible con el orden público del foro.

G)   ...se regirá por la ley del país donde el vendedor tenga su residencia habitual.

H)   ...se regirá por la ley elegida por las partes. Esta elección se formulará expresamente o se desprenderá claramente de los términos del contrato o de las circunstancias del caso.

Ejercicio 4

Lea los siguientes extractos del laudo *CEMEX Caracas Investments B.V. y CEMEX Caracas II Investments B.V. v. Bolivarian Republic of Venezuela* (ICSID Case No. ARB/08/15. Decisión sobre jurisdicción, de 20 de diciembre de 2010)[1] y responda a las preguntas tipo *test*.

La Demandada observa que el artículo 1(b)(iii) del TBI "define 'nacional' abarcando entidades de propiedad de o controladas por ciudadanos o compañías incorporadas bajo las leyes de los Países Bajos o de Venezuela", y observa que ésta es una definición amplia. Agrega que el artículo 1(a) también contiene una definición amplia del término "inversiones" que incluye "todos los tipos de activos". Por lo tanto, admite que las Demandantes, así como Vencement, deben considerarse nacionales holandeses en virtud del TBI. También reconoce que las acciones de propiedad de Vencement en CemVen constituyen una inversión en el sentido del Tratado.

Hace hincapié en que, sin embargo, el TBI "no hace referencia alguna al tema de propiedad o control, ya sea 'directo o indirecto', o a la ubicación de las inversiones o la manera en la que las inversiones fueron realizadas". Por lo tanto, el Tratado "no otorga legitimación activa a nacionales de una Parte Contratante que no tengan por sí mismos una inversión en el territorio de la otra Parte Contratante. Esos nacionales reciben indirectamente los beneficios del Tratado, porque las entidades que ellos controlan tienen derecho a presentar reclamaciones por las supuestas violaciones a obligaciones de la Parte Contratante en la cual mantienen sus inversiones. Consecuentemente, las Demandantes no deben ser consideradas como partes en el presente procedimiento".

En otras palabras, Venezuela manifiesta que el TBI abarca a las inversiones de nacionales "de" una Parte Contratante realizadas en el territorio de otra Parte Contratante. En el presente caso, las acciones de CemVem son una "inversión de Vencement [que] tiene *jus standi* y el derecho a entablar acciones legales". No son de propiedad directa de las Demandantes y no pueden considerarse una inversión "de" las Demandantes en el marco del TBI. Como inversionistas indirectas, las Demandantes no tienen "*ius standi* para presentar reclamaciones conforme al Tratado holandés".

Por su parte, las Demandantes recuerdan que la definición de inversiones contenida en el TBI es amplia y no exclusiva. Manifiestan que "el texto del tratado, su contexto, los *travaux preparatoires* y toda la jurisprudencia arbitral unánimemente apoyan la conclusión de que el TBI cubre inversiones indirectas". Por lo tanto, el Tribunal tiene jurisdicción con respecto a la reclamación en virtud del Tratado.

El Tribunal observa que, en varias decisiones y laudos del CIADI [Centro Internacional de Arreglo de Diferencias Relativas a Inversiones], se ha analizado la cuestión de las "inversiones indirectas". En la mayoría de los casos, la cuestión fue planteada por el Estado demandado cuando una empresa local era de propiedad de una Demandante o era controlada por ésta a través de otra empresa. Dos cuestiones pueden plantearse entonces.

Primero, el tribunal puede tener que decidir si la Demandante tiene *jus standi*. Segundo, tal vez tenga que decidir si la Demandante puede reclamar indemnización por los daños y perjuicios sufridos por la empresa local, y en qué medida puede hacerlo.

El TBI define a las inversiones en el artículo 1(a), cuyo texto es el siguiente:

A los fines del presente Convenio:

    a. El término "inversiones" comprenderá todos los tipos de activos y, de manera más particular pero no exclusiva:

        i)   bienes muebles e inmuebles, así como cualesquiera otros derechos *in rem* sobre todo tipo de activo;

        ii) derechos derivados de acciones, bonos y demás formas de interés en empresas y sociedades conjuntas;

        iii) títulos dinero, a otros activos o cualesquiera prestaciones con valor económico;

        iv) derechos en los campos de propiedad intelectual, procesos técnicos, valor extrínseco (*goodwill*) y conocimientos técnicos (*know-how*);

        v)   derechos otorgados bajo el derecho público, incluyendo derechos para la prospección, exploración, extracción y explotación de recursos naturales.

El Tribunal observa que no hay ninguna referencia expresa a inversiones directas o indirectas en el TBI, sobre todo en el artículo 1(a). También nota que la definición de inversión contenida en ese artículo es muy amplia. Abarca "todos los tipos de activos" y enumera categorías específicas de inversiones como ejemplos. Una de esas categorías está integrada por "acciones, bonos y demás formas de interés en empresas y sociedades conjuntas".

En un caso similar, *Siemens c. Argentina*, el Tribunal del CIADI observó que no hay ninguna referencia explícita a inversiones directas o indirectas como tales en el [TBI celebrado entre Alemania y Argentina]. La definición de "inversión" es muy general. Una inversión es cualquier clase de bien considerado así en virtud de la ley de la Parte Contratante donde la inversión haya sido hecha. Las categorías específicas de inversión incluidas en la definición son incluidas como ejemplos y no con el propósito de excluir aquellas no mencionadas. Los redactores tuvieron la precaución de utilizar las palabras "no exclusiva" antes de referirse a las categorías de inversiones "particularmente" incluidas. Una de las categorías consiste en "acciones, derechos de participación en sociedades y otro tipo de participaciones en sociedades". El sentido claro de esta disposición es que las acciones pertenecientes a un accionista alemán están protegidas por el Tratado. El Tratado no dispone que no haya sociedades interpuestas entre la inversión y quien sea el propietario en última instancia de la sociedad. Por tanto, una lectura literal del Tratado no apoya la alegación de que la definición de inversión excluya inversiones indirectas.

La Demandada sostiene que esta jurisprudencia no se encuentra tan arraigada. En respaldo de esta afirmación, se remite al laudo dictado el 21 de abril de 2006 en el caso *Berschader c. la Federación de Rusia*. La Demandada manifiesta además que, aun cuando un TBI abarque las inversiones indirectas, no por ello los inversionistas indirectos tienen *jus standi*. Hace hincapié en que esta solución está aún más justificada cuando, como en el presente caso, el TBI emplea definiciones amplias de "nacionales" e "inversiones", y por lo tanto permite a los inversionistas directos iniciar fácilmente procedimientos arbitrales.

El Tribunal considera que, como lo reconoció la Demandada, las inversiones según se definen en el artículo 1 del TBI podrían ser directas o indirectas. Por definición, una inversión indirecta es una inversión hecha por un inversionista indirecto. Como el TBI abarca las inversiones indirectas, los inversionistas indirectos están facultados para formular reclamaciones por presuntas violaciones del Tratado con respecto a las inversiones de las que son propietarios indirectos.

El Tribunal observa también que cuando en el TBI se mencionan las inversiones "de" nacionales de la otra Parte Contratante, ello significa que esas inversiones deben pertenecer a dichos nacionales a fin de estar comprendidas en el Tratado. Pero ello no entraña que dichos nacionales deban tener la propiedad directa de esas inversiones. Análogamente, cuando en el TBI se menciona a las inversiones hechas "en" el territorio de una Parte Contratante, todo lo que exige es que el lugar en que se realice la misma inversión se encuentre en ese territorio. Ello no entraña que esas inversiones deban ser hechas "directamente" en dicho territorio.

Por lo tanto, como lo reconocieron varios tribunales arbitrales en casos similares, las Demandantes tienen *ius standi* en el presente caso. No puede hacerse lugar a la excepción presentada por la Demandada a la jurisdicción del Tribunal en virtud del TBI.

1. En este contexto, TBI significa...
    A) texto básico ilimitado.
    B) tratado básico de imposición.
    C) Tratado Bilateral de Inversión.
    D) texto bilateral de incardinación.

2. La demandada en este caso es...
    A) la República de Venezuela.
    B) Cemex Caracas Investments B.V.
    C) CEMEX Caracas II Investments B.V.
    D) Cemex Caracas Investments B.V. y CEMEX Caracas II Investments B.V.

3. Según la demandada...
    A) las demandantes son inversionistas directas.
    B) las demandantes son inversionistas indirectas.
    C) las demandantes se han deshecho de sus inversiones en Venezuela.
    D) ninguna de las tres respuestas anteriores son correctas.

4. Las demandantes consideran que…
   A) el TBI Holanda-Venezuela no es aplicable.
   B) el TBI EE.UU.-Venezuela es aplicable.
   C) el TBI Holanda-Venezuela es aplicable.
   D) no hay TBI aplicable a este caso.

5. El artículo 1(a) del TBI…
   A) define inversión de forma exhaustiva.
   B) define inversión de forma estricta.
   C) define inversión aplicando textos de organismos internacionales.
   D) define inversión de forma amplia.

6. Decisiones arbitrales cronológicamente previas…
   A) no han considerado incluidas las inversiones indirectas en la noción de inversión del respectivo TBI.
   B) han considerado incluidas las inversiones indirectas en la noción de inversión del respectivo TBI.
   C) han criticado la inseguridad jurídica que genera una definición tal de inversión en los TBIs.
   D) han prescindido de abordar esta cuestión en el laudo.

7. La demandada…
   A) alega que una única decisión arbitral no genera jurisprudencia.
   B) alega que una única decisión judicial puede generar jurisprudencia.
   C) alega que una única decisión arbitral sí genera jurisprudencia.
   D) alega que la jurisprudencia citada por la demandante no es unívoca.

8. La demandada estima que…
   A) la inclusión de una inversión indirecta en el concepto de inversión del TBI, concede automáticamente *ius standi* a la demandante.
   B) la cuestión del *ius standi* no puede ser resuelta por un tribunal arbitral.

C) la inclusión de una inversión indirecta en el concepto de inversión del TBI, no concede automáticamente *ius standi* a la demandante.

D) la cuestión del *ius standi* ha de plantearse como una cuestión previa.

Ejercicio 5

Lea el articulado de la Directiva 2008/52/CE del Parlamento Europeo y del Consejo de 21 de mayo de 2008 sobre ciertos aspectos de la mediación en asuntos civiles y mercantiles[2] e indique si las siguientes afirmaciones son verdaderas o falsas.

Artículo 1
Finalidad y ámbito de aplicación

1. El objetivo de la presente Directiva es facilitar el acceso a modalidades alternativas de solución de conflictos y fomentar la resolución amistosa de litigios promoviendo el uso de la mediación y asegurando una relación equilibrada entre la mediación y el proceso judicial.

2. La presente Directiva se aplicará, en los litigios transfronterizos, en los asuntos civiles y mercantiles, con la salvedad de aquellos derechos y obligaciones que no estén a disposición de las partes en virtud de la legislación pertinente. No se aplicará, en particular, a los asuntos fiscales, aduaneros o administrativos, ni a la responsabilidad del Estado por actos u omisiones en el ejercicio de su autoridad soberana (*acta iure imperii*).

3. En la presente Directiva, se entenderá por "Estado miembro" cualquier Estado miembro, con excepción de Dinamarca.

Artículo 2
Litigios transfronterizos

1. A efectos de la presente Directiva, se entenderá por litigio transfronterizo aquel en que al menos una de las partes está domiciliada

o reside habitualmente en un Estado miembro distinto del Estado miembro de cualquiera de las otras partes en la fecha en que:

a)   las partes acuerden hacer uso de la mediación una vez surgido el litigio, o

b)   un tribunal dicte la mediación,

c)   sea obligatorio recurrir a la mediación a tenor de la legislación nacional, o

d)   a efectos del artículo 5, se remita una invitación a las partes.

2. No obstante lo dispuesto en el apartado 1, a efectos de los artículos 7 y 8 de la presente Directiva, también se entenderá por litigio transfronterizo aquel en el que se inicie un procedimiento judicial o un arbitraje tras la mediación entre las partes en un Estado miembro distinto de aquel en que las partes estén domiciliadas o residan habitualmente en la fecha que contempla el apartado 1, letras a), b) o c).

3. A efectos de los apartados 1 y 2, el domicilio se determinará de conformidad con los artículos 59 y 60 del Reglamento (CE) no. 44/2001.

Artículo 3
Definiciones

A efectos de la presente Directiva, se entenderá por:

a)   "mediación": un procedimiento estructurado, sea cual sea su nombre o denominación, en el que dos o más partes en un litigio intentan voluntariamente alcanzar por sí mismas un acuerdo sobre la resolución de su litigio con la ayuda de un mediador. Este procedimiento puede ser iniciado por las partes, sugerido u ordenado por un órgano jurisdiccional o prescrito por el Derecho de un Estado miembro.

    Incluye la mediación llevada a cabo por un juez que no sea responsable de ningún procedimiento judicial vinculado a dicho litigio. No incluye las gestiones para resolver el litigio que el órgano jurisdiccional o el juez competentes para conocer de él realicen en el curso del proceso judicial referente a ese litigio;

b) "mediador": todo tercero a quien se pida que lleve a cabo una mediación de forma eficaz, imparcial y competente, independientemente de su denominación o profesión en el Estado miembro en cuestión y del modo en que haya sido designado o se le haya solicitado que lleve a cabo la mediación.

Artículo 4
Calidad de la mediación

1. Los Estados miembros fomentarán, de la forma que consideren conveniente, la elaboración de códigos de conducta voluntarios y la adhesión de los mediadores y las organizaciones que presten servicios de mediación a dichos códigos, así como otros mecanismos efectivos de control de calidad referentes a la prestación de servicios de mediación.

2. Los Estados miembros fomentarán la formación inicial y continua de mediadores para garantizar que la mediación se lleve a cabo de forma eficaz, imparcial y competente en relación con las partes.

Artículo 5
Recurso a la mediación

1. El órgano jurisdiccional que conozca de un asunto, cuando proceda y teniendo en cuenta todas las circunstancias del caso, podrá proponer a las partes que recurran a la mediación para solucionar el litigio. Asimismo el órgano jurisdiccional podrá pedir a las partes que asistan a una sesión informativa sobre el uso de la mediación, si se celebran tales sesiones y si son fácilmente accesibles.

2. La presente Directiva no afectará a la legislación nacional que estipule la obligatoriedad de la mediación o que la someta a incentivos o sanciones, ya sea antes o después de la incoación del proceso judicial, siempre que tal legislación no impida a las partes el ejercicio de su derecho de acceso al sistema judicial.

Artículo 6
Carácter ejecutivo de los acuerdos resultantes de la mediación

1. Los Estados miembros garantizarán que las partes, o una de ellas con el consentimiento explícito de las demás, puedan solicitar que se dé carácter ejecutivo al contenido de un acuerdo escrito resultante de una mediación. El contenido de tal acuerdo se hará ejecutivo a menos que, en el caso de que se trate, bien el contenido de ese acuerdo sea contrario al Derecho del Estado miembro donde se formule la solicitud, bien la legislación de ese Estado miembro no contemple su carácter ejecutivo.

2. El contenido del acuerdo podrá adquirir carácter ejecutivo en virtud de sentencia, resolución o acto auténtico emanado de un órgano jurisdiccional u otra autoridad competente, de conformidad con la legislación del Estado miembro en el que se formule la solicitud.

3. Los Estados miembros comunicarán a la Comisión los órganos jurisdiccionales u otras autoridades competentes para recibir una solicitud de conformidad con los apartados 1 y 2.

4. Lo dispuesto en el presente artículo no afectará a las normas aplicables al reconocimiento y a la ejecución en otro Estado miembro de un acuerdo que haya adquirido carácter ejecutivo de conformidad con el apartado 1.

Artículo 7
Confidencialidad de la mediación

1. Dado que la mediación debe efectuarse de manera que se preserve la confidencialidad, los Estados miembros garantizarán, salvo acuerdo contrario de las partes, que ni los mediadores ni las personas que participan en la administración del procedimiento de mediación estén obligados a declarar, en un proceso judicial civil o mercantil o en un arbitraje, sobre la información derivada de un procedimiento de mediación o relacionada con dicho proceso, excepto:

a) cuando sea necesario por razones imperiosas de orden público en el Estado miembro de que se trate, en particular cuando así lo requiera la protección del interés superior del menor o la prevención de daños a la integridad física o psicológica de una persona, o

b) cuando el conocimiento del contenido del acuerdo resultante de la mediación sea necesaria para aplicar o ejecutar dicho acuerdo.

2. Lo dispuesto en el apartado 1 no impedirá a los Estados miembros aplicar medidas más estrictas para proteger la confidencialidad de la mediación.

Artículo 8
Efecto de la mediación sobre los plazos de caducidad y prescripción

1. Los Estados miembros garantizarán que el hecho de que las partes que opten por la mediación con ánimo de solucionar un litigio no les impida posteriormente iniciar un proceso judicial o un arbitraje en relación con dicho litigio por haber vencido los plazos de caducidad o prescripción durante el procedimiento de mediación.

2. Lo dispuesto en el apartado 1 se entenderá sin perjuicio de las disposiciones sobre plazos de caducidad o prescripción incluidas en los acuerdos internacionales en que sean partes los Estados miembros.

Artículo 9
Información al público

Los Estados miembros fomentarán, por los medios que consideren oportunos, el acceso del público en general, en particular vía Internet, a la información sobre la forma de ponerse en contacto con mediadores y organismos que presten servicios de mediación.

Artículo 10
Información sobre los órganos jurisdiccionales y autoridades competentes

La Comisión hará accesible públicamente, por los medios que considere oportunos, la información sobre los órganos jurisdiccionales o autoridades competentes que le hayan comunicado los Estados miembros de conformidad con el artículo 6, apartado 3.

Artículo 11
Revisión

A más tardar el 21 de mayo de 2016, la Comisión presentará al Parlamento Europeo, al Consejo y al Comité Económico y Social Europeo un informe sobre la aplicación de la presente Directiva. El informe examinará el desarrollo de la mediación en la Unión Europea y el impacto de la presente Directiva en los Estados miembros. Si es necesario, el informe irá acompañado de propuestas de adaptación de la presente Directiva.

Artículo 12
Incorporación al ordenamiento jurídico de los Estados miembros

1. Los Estados miembros pondrán en vigor las disposiciones legales, reglamentarias y administrativas necesarias para dar cumplimiento a la presente Directiva antes del 21 de mayo de 2011, con excepción del artículo 10, al que deberá darse cumplimiento el 21 de noviembre de 2010 a más tardar. Informarán inmediatamente de ello a la Comisión.

Cuando los Estados miembros adopten dichas disposiciones, estas harán referencia a la presente Directiva o irán acompañadas de dicha referencia en su publicación oficial. Los Estados miembros establecerán las modalidades de la mencionada referencia.

2. Los Estados miembros comunicarán a la Comisión el texto de las principales disposiciones de Derecho interno que adopten en el ámbito regulado por la presente Directiva.

Artículo 13
Entrada en vigor

La presente Directiva entrará en vigor a los veinte días de su publicación en el Diario Oficial de la Unión Europea.

Artículo 14
Destinatarios

Los destinatarios de la presente Directiva son los Estados miembros.

V   F   • La Directiva no establece ninguna restricción *rationae materiae.*

V   F   • Según el artículo 2, un litigio transfronterizo sería aquel en el que una parte está domiciliada en España y la otra en México.

V   F   • La mediación implica que son las partes, y no el mediador, las que alcanzan el acuerdo.

V   F   • Para ejercer la mediación en Europa es necesario cumplir con códigos de conducta europeos.

V   F   • La importancia de la mediación justifica que los mediadores hayan de tener una formación adecuada.

V   F   • En ocasiones las partes deberán iniciar una mediación porque así lo ha impuesto un juez.

V   F   • Ningún país de la Unión Europea puede contar con legislación que imponga una mediación obligatoria.

V   F   • Si la mediación finaliza exitosamente, el contenido del acuerdo alcanzado debe poderse ejecutar.

V   F   • Es frecuente que el mediador en una mediación frustrada se convierta posteriormente en el árbitro de esa controversia.

V   F   • En ocasiones excepcionales, puede ser adecuado que el contenido de la mediación no sea confidencial.

V   F   • Aplicando la Directiva, una mediación dilatada en el tiempo puede desembocar en la imposibilidad temporal de acudir a los tribunales.

V   F   • Esta Directiva es directamente aplicable en todos los países de la Unión Europea desde el día de su entrada en vigor.

Notas

1. http://icsid.worldbank.org/ICSID/FrontServlet.
2. http://eur-lex.europa.eu/smartapi/cgi/sga_doc?smartapi!celexplus!pr od!DocNumber&lg=es&type_doc=Directive&an_doc=2008&nu_doc=52 . ?Unión Europea. Únicamente se consideran auténticos los textos legislativos de la Unión Europea publicados en la edición impresa del *Diario Oficial de la Unión Europea.*

Capítulo 10

Cine jurídico

Película 1

Trece rosas
Año: 2007
País: España
Director: Emilio Martínez Lázaro
Guión: Pedro Costa, Emilio Martínez Lázaro, Ignacio Martínez de
    Pisón
Productores: Carlos Bernases, Enrique Cerezo, Pedro Costa, Roberto
    di Girolamo
Reparto: Pilar López de Ayala, Verónica Sánchez, Gabriella Pession,
    Marta Etura, Alberto Ferreiro, Goya Toledo, Asier Etxeandía, etc.
Duración: 132 minutos

Al terminar la Guerra Civil española, Madrid está ocupada por el
ejército de Franco y sufre los horrores de la guerra y posguerra. En
este contexto, un grupo de mujeres jóvenes intenta organizarse clan-
destinamente en contra de los ganadores en la contienda. Al ser de-
latadas, estas jovenes fueron detenidas. Tras sufrir torturas por
parte de la policía, el grupo fue encarcelado en la cárcel femenina de
Ventas...

— Exponga cuáles fueron los orígenes/antecedentes históricos de la
    Guerra Civil española.

— Explique cuáles fueron los "dos bandos" en la Guerra Civil espa-
    ñola, en qué territorios actuaron y cuál fue su evolución conforme
    la guerra fue avanzando.

— Explique cuál fue la reacción de Estados Unidos ante la Guerra Civil española.

— Seleccione los aspectos más destacados de la vida de Abe Osheroff.[1]

— Indique cúales fueron las características principales (políticas, jurídicas, económicas) de la posguerra española.

— Explique brevemente la historia de Ana Frank e indique qué semejanzas y diferencias fundamentales existen entre Ana Frank y las protagonistas de esta película.

— Exponga su opinión, desde una perspectiva jurídica, sobre cuál es la responsabilidad de quienes cumplen órdenes en tiempos de guerra. Tome ejemplos de la pelicula o de otros momentos históricos que conozca.

— Si analiza la parte de la pelicula referida al juicio que se hace a las trece rosas, ¿qué características de este juicio son cuestionables desde la perspectiva jurídica? ¿se violó algún derecho de las acusadas? (Compare su respuesta con el artículo 24 de la actual Constitución española.)

— Esta pelicula aborda la cuestión de la "politización de la justicia". Explique si Estados Unidos o algún otro país que conozca también ha vivido fases de politización de la justicia y ofrezca ejemplos.

— Explique cuál es el contenido esencial de la Ley de Memoria Histórica (Ley 52/2007) de España.[2]

Película 2

Sin nombre[3]
Año: 2009
País: México-Estados Unidos
Director: Cary Fukunaga
Guión: Cary Fukunaga

Productores: Gerardo Barrera, Pablo Cruz, Gael García Bernal, Amy
  Kaufman, Diego Luna
Director de fotografía: Adriano Goldman
Música: Marcelo Zarvos, Miguel Ángel González Rodríguez
Reparto: Edgar Flores (Willy "El Casper"), Paulina Gaitán (Sayra),
  Kristian Ferrer (El Smiley), Tenoch Huerta Mejía (Lil' Mago), Ge-
  rardo Taracena (Horacio), Diana García (Martha Marlene), etc.
Duración: 96 minutos

La película *Sin nombre* cuenta el periplo de Sayra, una adolescente
hondureña que decide viajar con su padre y su tío desde el norte de
Honduras a México, con la idea de llegar hasta Nueva Jersey (EE.
UU.). "Sin nombre" también nos muestra la dura vida de Casper, un
miembro de la Mara Salvatrucha de Tapachula, México, que tiene
una relación secreta con Martha Marlene. Un día, el líder de su
banda, Lil' Mago, obliga a Casper y a su "recluta" Smiley a asaltar el
tren, y es ahí cuando los destinos de Sayra y Casper se entrecruzan
peligrosamente...

— Casper, Smiley y Lil' Mago son miembros de la Mara Salvatrucha
  de Tapachula, México. Explique qué es una mara, de dónde procede, a qué se dedica, cómo se financia, etc. Reflexione asimismo
  sobre los efectos jurídicos y sociológicos que puede tener la implantación de estas maras en otros países, como Estados Unidos o
  España.

— Atendiendo a la legislación norteamericana en la materia, ¿cree
  que alguno de los personajes de la película que llega a Estados Unidos podría obtener asilo ahí? ¿y alguno sería deportado? Argumente sus respuestas. (Si no conoce la realidad estadounidense,
  hable de su país de origen/residencia en todos las cuestiones de
  este capítulo en las que sea necesario.)

— Centrando la atención en Sayra, ¿su permanencia legal en EE.UU.
  podría conseguirse a través de la aplicación de la *special immigrant
  juvenile status* (SIJS)? En caso de que no, ¿piensa que su estatus ju-

rídico en materia de inmigración mejoraría si en EE.UU. llegase a aprobarse la iniciativa conocida como el Dream Act?

— La película no llega a mostrarnos la vida de Sayra en Estados Unidos. Pensando en esa posible vida futura de la joven en EE.UU., busque y explique algún caso del Tribunal Supremo estadounidense que haya tratado alguna cuestión que le podría ocurrir a Sayra durante su estancia en EE.UU. (acceso a educación, discriminación racial en trabajo, etc.).

— Recientemente, el Tribunal Supremo estadounidense ha dictado una sentencia que afecta negativamente a los inmigrantes ilegales en EE.UU. Analice el contenido de la sentencia *Chamber of Commerce of United States of America v. Whiting* y exponga su opinión al respecto.

— También en materia de trabajadores indocumentados, busque información sobre el sistema E-verify e indique si existe algún control semejante en Latinoamérica.

— Otro tema que podría preocupar a Sayra es el del alojamiento en Estados Unidos. ¿Qué es la ley conocida como "Section 8?" ¿Podría Sayra beneficiarse de ella?

— ¿Qué imagen da la policía en esta película? Exponga su opinión razonada sobre qué beneficiosas medidas podrían adoptar las autoridades policiales centroamericanas, mexicanas y estadounidenses en materia de inmigración ilegal.

Película 3

Outsourced[4]
Año: 2006
País: Estados Unidos
Director: John Jeffcoat
Guión: John Jeffcoat, George Wing

Productora: ShadowCatcher Entertainment
Producción: Tom Gorai
Reparto: Asif Basra (Purohit N. Virajnarianan), Ayesha Dharker
   (Asha), Josh Hamilton (Todd Anderson), Arjun Mathur (Gaurav),
   Larry Pine (Bob), Matt Smith (Dave).
Música: BC Smith
Fotografía: Teodoro Maniaci
Género: Comedia romántica
Duración: 103 minutos

Todd trabaja en la centralita telefónica (*call center*) de una empresa
estadounidense (Western Novelty) que vende una amplia gama de
productos, la mayoria de ellos "patrióticos" o típicos de la cultura
norteamericana. De forma súbita, su jefe le comunica que sus compañeros van a ser despedidos. A Todd le ofrecen la posibilidad de
mantener su empleo y todos los beneficios a él vinculados (seguro
médico, acciones, bonos, etc.) a cambio de irse a trabajar tempo-
ralmente a la India. Su empresa ha decidido reducir costes y tras-
ladar allí el *call center* que atiende a sus clientes estadounidenses,
por lo que Todd tendría que encargarse de entrenar a la persona que
en el futuro pasará a hacer su propio trabajo en la India. Todd ate-
rriza en un país que le es culturalmente ajeno y cuyas costumbres no
entiende. Sus primeros contactos con el *call center* indio le generan
gran frustración, ya que los trabajadores están muy alejados de los
planteamientos norteamericanos de cómo hacer negocios y tratar a
los clientes. Su objetivo empresarial de "americanizar" el *call center*
indio parece imposible de alcanzar...

— Todd es un trabajador estadounidense que ha aceptado ser despla-
    zado a trabajar temporalmente a India. Imagine a continuación
    que Todd hubiese sido contratado por una empresa domiciliada en
    territorio de la Unión Europea para trabajar en varios paises euro-
    peos y que se niega a aceptar un cambio de ubicación extracomu-
    nitario. Si Todd es despedido por este motivo y él quiere acudir a
    los tribunales reclamando que se ha producido un despido impro-

cedente, exponga cuáles serían las consecuencias jurídicas de aplicar a este caso el Reglamento 44/2001 y el Reglamento 593/2008 (si lo estima conveniente, sustituya la referencia a las normas comunitarias por las disposiciones asemejadas de su país de nacimiento o residencia).

— Piense a continuación en los contratos que se generan entre los compradores de los productos de Western Novelty (WN) y esta empresa. Dé respuesta jurídica a las siguientes hipótesis:

a. Suponga que WN está incorporada en Delaware. Explique qué motivos ha podido hacer que la empresa esté incorporada en ese estado.

b. Respecto al contrato de compraventa que vincula a WN y a sus compradores, indique qué se podría haber tomado como referente para redactar las cláusulas de este contrato (ley nacional, convenio internacional, *lex mercatoria*, etc....) y qué consecuencias se derivarían de esta elección.

c. Pensando en las características de este tipo de negocios, argumente si sería preferible que la cláusula referida a la solución de conflictos incluída en el contrato remitiese a órganos jurisdiccionales o arbitrales. Redacte cuál sería en su opinión la cláusula óptima.

d. Si WN estuviese domiciliada en territorio comunitario, indique cuáles serían los tribunales competentes y el derecho aplicable respecto a una reclamación iniciada por un consumidor al que el producto le llegó roto y no consiguió la devolución del dinero abonado.

— En un momento de la pelicula aparece una gran valla publicitaria en la que se puede leer "*Invest in India. Our Incredible Economy. An Open Ended Equity Scheme*". Investigue cuál es la situación de India como receptor de inversiones extranjeras y acuda a la página de CIADI para comprobar si se han producido reclamaciones contra este país.

— Cuando Todd está comiendo en una hamburguesería de Bombay se encuentra con otro estadounidense que está trabajando en la India. Esta persona (que le hace entender a Todd que jamás podrá comer una hamburguesa con queso en ese país) le habla, entre otras cosas, del *legal outsourcing* (externalización) que se está generando entre EE.UU. e India. A este respecto, indique si prevé que un fenómeno similar se vaya a producir también respecto de paises latinoamericanos y cuáles serían los países que podrían prestar servicios jurídicos a menor precio.

— Imagine que Todd decide quedarse a vivir en India. Apunte diversas situaciones de su vida cotidiana en las que haría aparición el derecho internacional privado (*conflict of laws*) (suponga que se casa con Asha, etc.).

— Esta película también puede ser analizada desde una perspectiva empresarial, por lo que es muy recomendable para estudiantes de doble licenciatura en Derecho y Economía, o Derecho y Administración y Dirección de Empresas, y para todos aquellos que estén interesados en cuestiones de *global business*. En estos ámbitos, se propone que reflexione sobre las cuestiones siguientes:

a. En qué medida las costumbres locales han de ser tenidas en cuenta por una empresa multinacional que desea implantarse exitosamente en un país extranjero.

b. En el proceso de formación de los trabajadores indios, indique qué iniciativas de las adoptadas por Todd para reducir el tiempo medio de llamada (llamado en la pelicula MPI [*minutes per incident*]) por debajo de los seis minutos le parecen positivas/negativas. Argumente su respuesta.

c. Ofrezca propuestas sobre como conseguir motivar a los trabajadores sin tener que dedicar un gran esfuerzo económico a esta cuestión.

d. ¿Quién considera que sería un mejor "*manager*"? ¿Purohit o Asha? ¿Por qué? ¿Qué implica en su opinión el concepto de liderazgo?

e. Piensa que, en un país como India, ¿Asha podría tener problemas para alcanzar un puesto de responsabilidad por el hecho de ser mujer?

f. En un mundo globalizado, explique cuál es la importancia de la comunicación intercultural.

g. Reflexione sobre el hecho de que a los trabajadores indios les gustan los productos norteamericanos que están vendiendo y sobre la respuesta que Todd le da a su jefe en un momento de la pelicula, haciéndole ver que India es un enorme mercado emergente.

h. En el mundo de las ventas, ¿hasta qué punto es importante conocer las características y gustos de los clientes? Pensando por ejemplo en España, ¿cree que la llegada de inmigrantes a este país ha hecho que ciertos negocios se especialicen en este colectivo? (Dé ejemplos al respecto.)

i. Desde una perspectiva estrictamente laboral, ¿cómo se valora que una empleada tenga una relación sexual con su jefe? ¿Cree que la valoración variaría según el país del mundo en que se produjese este hecho?

j. ¿Cómo valora la conversación de Asha con un cliente americano, muy disgustado por los efectos del *outsourcing* en el mercado laboral estadounidense, pero a la vez nada dispuesto a pagar 212 dólares más por una figura que sea 100% producida en Estados Unidos?

k. Cuando los jovenes trabajadores indios son despedidos, éstos no se muestran afectados, pues creen que rápidamente conseguirán otro trabajo. Purohit, en cambio, considera que un *manager* de mediana edad lo va a tener mucho más difícil. ¿La realidad española actual (o de su país de origen o residencia) es similar a la de India que se acaba de indicar?

l. ¿Piensa que Purohit va a tener éxito entrenando a los trabajadores chinos del nuevo *call center*?

Película 4

Familia[5]
Año: 2010
País: Suecia
Directores: Alberto Herskovits, Mikael Wiström
Guionistas: Mikael Wiström, Alberto Herskovits
Productoras: Månharen Film & Television, Swedish Film Institute,
  Ventana Film
Género: Documental
Duración: 82 minutos

Natividad Buitrón Paucar nació en el interior de Perú en el año 1957. En su juventud comienza una relación sentimental con Daniel Barrientos Miranda, con quien en la actualidad lleva más de treinta y un años conviviendo. En un primer momento, la pareja vive en una pobreza extrema, en una chabola ubicada dentro de un basurero repleto de "chanchos" en el que trabajaban "jalando" basura. Posteriormente la pareja se construye una endeble caseta de madera y finalmente pasan a residir en una casa de ladrillo en el distrito de Chorrillos, dentro de la provincia de Lima. Nati y Daniel han tenido cuatro hijos: la primera de ellos, Sandra, emigró a Brasil. Dany trabaja como cobrador de una empresa peruana y tiene problemas de alcoholismo y violencia. El joven vive en casa de sus padres con su pareja Azucena y su hijo de cuatro años Guillermo. Judith, sin pareja, no termina de encontrar su camino y también reside en la casa familiar sin esperar demasiado del futuro. El último hijo, Natanael, es un niño que está acostumbrado a pasar mucho tiempo con su padre ya que su madre trabaja en el servicio doméstico en Lima.

Desde el principio del documental se sabe que Nati va a emigrar a España con el fin de ganar dinero y poder mandar parte de sus ingresos a Perú. En un primer momento, Nati trabaja como señora de la limpieza en un hotel de San Sebastián. El ritmo de trabajo es muy intenso y Nati se lamenta frente a su compañera de trabajo, la boliviana Virginia, de que debería haber llegado más joven a España

para ser capaz de desempeñar ese tipo de actividades. Posteriormente, Nati se muda a Madrid y allí entra a trabajar como interna en
casa de una señora española. Durante la ausencia de su madre, Judith se ve obligada a desempeñar el rol materno y a cocinar para los
hombres de la casa, algo que no le satisface. Afirma sentir vergüenza
porque cree que es ella la que debería estar en el lugar de su mamá (y
haberse marchado a España para conseguir dinero para la familia),
pero lamenta no ser tan fuerte como su progenitora. El resto de la familia también tiene dificultades en esta nueva etapa de vida sin Nati:
Daniel y Natanael la añoran y esperan ansiosamente su llamada de
los domingos, Azucena decide separarse definitivamente de Dany y
acude a un estudio jurídico para recibir asesoramiento al respecto,
etc. Tras un año y medio de ausencia, Nati regresa a Perú y su familia acude ansiosa a recogerla al aeropuerto...

Addenda: Este documental ha sido proyectado en el festival de
cine de Human Rights Watch celebrado en el verano de 2011 en
Nueva York. En un P&R con su codirector Alberto Herskovits, éste
ha desvelado una serie de datos que son relevantes para comprender
mejor el proceso de gestación del documental. Por ejemplo, Mikael
Wiström (el otro codirector) ya había grabado en dos ocasiones anteriores con la misma familia, lo que explica que ésta contase con ví-
deos y fotos tomadas hace unas décadas, cuando vivían una situación de grave pobreza. La familiaridad entre el director sueco y los
protagonistas del documental explica asimismo la naturalidad con
que se comporta la familia pese a la presencia de la cámara. Es igualmente interesante saber que Nati entró en España legalmente porque fue ella misma la que solicitó ayuda económica a los directores
para poder tramitar su acceso al país y que, en general, la familia re-
cibió apoyo económico por parte de los autores de *Familia* mientras
se llevó a cabo el rodaje de ésta (apoyo que, entre otras cosas, les per-
mitió acceder a la vivienda en la que actualmente residen).

— En distintos momentos del documental se ve a Daniel condu-
    ciendo su mototaxi por Lima, una ciudad con un tráfico bastante
    caótico y llena de "micros" (furgonetas de transporte de perso-

nas). Pensando en el régimen jurídico del transporte de pasajeros en España, explique qué es la conocida como Ley Ómnibus y por qué causó tanto rechazo en el gremio de los taxistas españoles. (Si lo estima oportuno, hable de su país de origen o residencia en este ejercicio, en vez de de España.)

— Un domingo, cuando Nati y sus amigas latinoamericanas están a punto de entrar en un locutorio telefónico para comunicarse con sus familias, un anciano español les reprocha que le están obstaculizando su paso. En otro momento del documental, Nati cuenta a su familia cómo en España se están dando diversos casos de violencia contra extranjeros. Reflexione sobre el fenómeno de la xenofobia en España y qué medidas legales se han tomado para atajar ésta.

— El documental también hace referencia a los pisos que con frecuencia los inmigrantes comparten en España. En el caso de Nati, el hecho de no tener dinero suficiente para alquilar un apartamento y vivir en un piso con cocina y baño común hace que no pueda cumplir su sueño de que su hijo menor Natanael viva en España. Piense qué implicaciones jurídicas pueden tener fenómenos como el de las "camas calientes".

— En un momento del documental en el que muestran la vida de Nati en España se ve la portada del periódico *El País* del 5 de septiembre de 2007, en la que destaca el siguiente titular: "La inmolación de un inmigrante desesperado". En este dramático caso, un nacional rumano se inmoló frente a la Subdelegación del Gobierno en Castellón, tras no lograr ayuda económica por parte de las autoridades españolas para regresar a su país. A raíz de la crisis económica vivida en España a partir del año 2007, ¿ha cambiado la política del gobierno español en esta materia? ¿En qué sentido?

— El 16 de junio de 2011, la Organización Internacional del Trabajo adoptó el Convenio sobre el Trabajo Decente para las Trabajadoras y los Trabajadores Domésticos, a través del cual se pretenden establecer normas laborales internacionales destinadas a mejorar las condiciones laborales de los millones de trabajadoras y trabajadores domésticos existentes en el mundo.⁶ Lea el texto de este convenio y piense en qué medida es aplicable al trabajo que desempeña Nati en España.

— *Familia* también permite realizar interesantes reflexiones desde la perspectiva de relaciones de género. A modo de ejemplo:

a. La relación de Azucena y Dany no funciona. Él le reprocha a ella que no le está atendiendo como una verdadera mujer y ella le recrimina que lo que realmente quiere es una sirvienta. ¿Piensa que Latinoamérica es una región especialmente machista? En caso de que sí, ¿cuáles son las causas de dicho machismo?

b. Guillermo, el hijo pequeño de ambos, presencia esta discusión. Aunque en esta escena en concreto no hay violencia explícita de Dany respecto de Azucena, el niño rechaza el cariño del padre, se niega a tomar la leche que le ofrece Dany e incluso pega a éste. Reflexione sobre cómo influye en la educación y formación de un niño los conflictos entre sus progenitores.

c. Daniel tuvo poliomielitis de pequeño y esta enfermedad le dejó graves secuelas físicas que le dificultan el ejercicio de su trabajo. En el documental se aprecia que en la familia hay una inversión de los roles tradicionales y que es Nati la que asume la responsabilidad de mantener económicamente a la unidad familiar. En este sentido, es sintomático que Daniel, según el director, no esté satisfecho con el documental, ya que considera que a él se le ha otorgado un papel secundario. Medite a este respecto.

Película 5

*También la lluvia*⁷
Año: 2010
País: España

Directora: Icíar Bollaín
Guión: Paul Laverty
Productora: Morena Films
Editor: Ángel Hernández Zoido
Música: Alberto Iglesias
Sonido: Emilio Cortés, Pelayo Gutiérrez, Nacho Royo-Villanova
Producción: Juan Gordon
Reparto: Luis Tosar (Costa), Gael García Bernal (Sebastián), Juan Carlos Aduviri (Daniel-Hatuey), Karra Elejalde (Colón), Raúl Arevalo (Antonio de Montesinos), Carlos Santos (Bartolomé de las Casas)
Duración: 104 minutos

En el año 2000, un curtido productor de cine (Costa) y un joven e idealista director (Sebastián) comienzan a rodar una película en Cochabamba, Bolivia. Esta película quiere ser crítica con la época de la conquista española de Latinoamérica, presentando a Cristobal Colón como un personaje quien, obsesionado por conseguir la mayor cantidad posible de oro para la corona española, no duda en abusar de la población indígena. Como contrapunto, la película también muestra la perspectiva de sacerdotes como Bartolomé de las Casas y Antonio de Montesinos, quienes en aquella época abogaron por otorgarle un mejor trato a la población indígena. Conforme el rodaje avanza, los actores españoles van reflexionando sobre sus personajes y sobre las características y consecuencias de la conquista de América. Al mismo tiempo, la vida cotidiana de Cochabamba se agita, ya que sus habitantes comienzan una protesta contra la decisión de la alcaldía de privatizar el servicio de aguas. Entre los muchos bolivianos que están trabajando como extras en la película, Costa y Sebastián eligen a Daniel para asumir el importante rol del indio Hatuey, un jefe taíno de la isla La Española que desempeñó un papel esencial en la rebelión contra los conquistadores. Daniel se convierte asimismo en uno de los principales líderes de la revuelta popular que los habitantes de Cochabamba realizan contra los intereses extranjeros que han pasado a controlar la gestión del agua en la ciudad. La violencia se generaliza en esta ciudad de Bolivia y ello provoca importantes efectos tanto en la película histórica como en las prioridades y destinos de sus protagonistas…

— Busque información en el Internet sobre las protestas sociales que generó el caso Aguas del Tunari (utilice en su búsqueda términos como Cochabamba, Bechtel, guerra del agua, privatización, etc). ¿Cree que la película *También la lluvia* refleja adecuadamente la realidad social y jurídica de este caso? ¿Por qué? Por ejemplo, ¿cree que son reales las referencias que se hacen en la película a un salario mensual en Bolivia de 40 dólares y a unos recibos del agua que con la privatización ascenderían a 450 dólares mensuales?

— En un momento de la película, Sebastián, Costa y el grupo de actores españoles acuden a un agasajo que reciben por parte del alcalde de Cochabamba. Mientras ellos se encuentran en el interior del regio edificio municipal, la población se manifiesta con vehemencia en el exterior, usando proclamas como "Fusil, metralla, el pueblo no se calla". El alcalde, tras excusarse por esa "pequeña trifulca doméstica", expone a sus invitados su perspectiva sobre las bondades de la inversión extranjera. Para el mandatario, "el dinero no crece en los arboles" y por lo tanto, hay que aliarse con la modernidad. El alcalde critica el victimismo de los indígenas quienes, por su pasado histórico, "llevan la desconfianza en los genes" y afirma que los indios arrastrarían a Bolivia nuevamente a la edad de piedra si se cede un ápice a sus reclamaciones. Frente a esta perspectiva, ¿qué argumentos jurídicos estima usted que podrían manejarse para cuestionar los beneficios de la inversión extranjera en países en vías de desarrollo?

— Una vez concluídas las revueltas populares que se presentan en esta película, los inversores encargados de privatizar el sistema de agua en Cochabamba decidieron interponer una demanda ante el Centro Internacional de Diferencias Relativas a Inversiones (CIADI), en la que se reclamaba una elevada cuantía económica al Estado de Bolivia. Lea detalladamente el resumen de este caso (*Aguas del Tunari S.A. v. Republic of Bolivia*, ICSID Case No. ARB/02/3), que se halla en la *web* de ICSID.[8] Prepare un breve esquema indicando cuáles son las cuestiones jurídicas que se plantean en este caso.

— Como es sabido, los países suelen firmar Tratados Bilaterales de Inversión (llamados Acuerdos de Promoción y Protección Recíproca de Inversiones o APPRIs en España y TBI en algunos países de Latinoamérica) para ofrecer una serie de garantías al inversor extranjero y de esta forma potenciar las inversiones. Consulte el TBI Países Bajos-Bolivia.[9] En relación con este texto, responda a las siguientes preguntas: ¿En qué artículos de este texto se están reconociendo derechos al inversor y cuáles son estos? ¿A qué mecanismos se puede acudir para solucionar los conflictos entre un inversor y el estado receptor de la inversión? ¿Cuál es el punto concreto de este TBI cuya interpretación ha generado gran controversia en el caso Aguas del Tunari?

— Acuda la pagina *web* de CIADI[10] para descargar la *Decision on Respondent's Objections to Jurisdiction of October 21, 2005*, 20 ICSID Rev.—FILJ 450 (2005). Centre su atención en la segunda excepción alegada por Bolivia, en torno a si la empresa es una entidad boliviana "controlada directa o indirectamente" por nacionales de los Países Bajos. Resuma los argumentos presentados por ambas partes. ¿Cuál es la decisión adoptada por el tribunal arbitral en esta materia? ¿Y la del voto particular del señor José Luis Alberro-Seremeta? ¿Cuál de estas dos interpretaciones suscribiría usted y por qué?

— Consulte el texto del modelo sobre inversión para el desarrollo sostenible elaborado por el Instituto Internacional para el Desarrollo Sostenible (IISD).[11] Analice el artículo 2 de este texto y compárelo con su homólogo en el TBI Países Bajos-Bolivia. ¿Se habría llegado al mismo resultado en el arbitraje de Aguas del Tunari si el TBI citado hubiese tenido la redacción del artículo 2 del Modelo IISD?

— ¿Cómo se resuelve en este caso la cuestión de la participación de terceros en el arbitraje de Aguas del Tunari? ¿Cómo valora usted la decisión del tribunal arbitral a este respecto? Consulte el caso *Biwater Gauff (Tanzania) Limited v. United Republic of Tanzania* (ICSID Case No. ARB/05/22) en la página *web* de CIADI y explique qué ha decidido este tribunal arbitral respecto a la intervención de *amicus curiae*.

— Encuentre información en Internet sobre cómo acabó finalmente este caso, después de que CIADI emitiese la ya analizada *Decision on Respondent's Objections to Jurisdiction*. ¿Qué opina usted de este final?

— A lo largo de la película, se hacen varias alusiones a la importancia que tuvo el oro en la época de la colonización, y también a la importancia que actualmente ha adquirido el agua, al ser un recurso escaso y en ocasiones de difícil acceso. En este sentido, el boliviano Daniel afirma indignado que los inversores extranjeros les están vendiendo "hasta la lluvia" y asimismo Daniel asevera que "sin agua no hay vida." Entre los múltiples trabajos jurídicos que abordan el tema del agua desde la perspectiva de los derechos humanos, el comercio internacional y los tratados de inversiones, se ha seleccionado éste: *A Thirst for Distant Lands: Foreign investment in agricultural land and water*.[12] Analícelo y exponga su opinión respecto de las tesis defendidas por los autores.

— En la película se escenifica el sermón de fray Antonio de Montesinos y asimismo el actor que interpreta a Bartolomé de las Casas presenta a su personaje como el "padre del Derecho Internacional":

> Yo soy la voz de Cristo en el desierto de esta isla, y por tanto conviene que con atención no cualquiera, sino con todo vuestro corazón y con todos vuestros sentidos la oigáis. [...] Esta voz es que todos estáis en pecado mortal y en él vivís y morís por la crueldad y tiranía que usáis con estas inocentes gentes. Decid: ¿con qué derecho y con qué justicia tenéis en tan cruel y horrible servidumbre aquestos indios? ¿Con qué autoridad ha-

béis hecho tan detestables guerras a estas gentes, que estaban en sus tierras mansas y pacíficas, donde tan infinitas dellas, con muerte y estragos nunca oídos, habéis consumido. ¿Cómo los tenéis tan opresos y fatigados, sin dalles de comer ni curallos en sus enfermedades, que de los excesivos trabajos que les dáis incurren y mueren, y, por mejor decir, los matáis, por sacar y adquirir oro cada día? ¿Y qué cuidado tenéis de quien los doctrine, y conozcan a su Dios y criador, sean bautizados, oigan misa, guarden las fiestas y los domingos? ¿Éstos, no son hombres? ¿No tienen ánimas racionales? ¿No sois obligados a amallos como a vosotros mismos? ¿Esto no entendéis? ¿Esto no sentís? [...]

Exponga usted cuáles son los postulados más relevantes de estos dos religiosos.

— Esta película está dedicada a Howard Zinn, un intelectual estadounidense fallecido en 2010. Dado que muchos de sus escritos abordan cuestiones de derechos y libertades civiles, que es la temática subyacente en *También la lluvia*, profundice en la vida y obras de Howard Zinn.

Película 6

Te doy mis ojos
Año: 2003
País: España
Directora: Icíar Bollaín
Guionistas: Icíar Bollaín, Alicia Luna
Productores: Santiago García de Leániz, Enrique González Macho
Reparto: Laia Marull, Luis Tosar, Candela Peña
Género: Drama
Duración: 109 minutos

Pilar vive en Toledo con su hijo y su marido Antonio. El matrimonio tiene graves problemas y Pilar llega a sufrir malos tratos por parte de su esposo, lo que le hace huir de casa. Mientras Pilar intenta comenzar una nueva vida ayudada por su hermana, Antonio acude a terapia para intentar superar sus accesos de violencia. Antonio convence a Pilar de que ha cambiado y el matrimonio comienza de nuevo su convivencia…

— Exponga las ideas jurídicas esenciales de la española Ley Orgánica 1/2004, de 28 de diciembre, de Medidas de Protección Integral contra la Violencia de Género.[13] Compare este texto con la normativa vigente en su país de origen o residencia.

— Explique de forma simplificada si las autoridades migratorias estadounidenses dan un trato diferenciado a una inmigrante que sufre la violencia de su esposo/pareja.

— ¿Cree que la sociedad latinoamericana se caracteriza por ser machista y patriarcal? Ofrezca ejemplos concretos que justifiquen su respuesta.

— Explique qué son los feminicidios de Ciudad Juárez (México), especule sobre cuál puede ser su origen y cómo se podrían eliminar tales.

— ¿Piensa que prácticas como la ablación o la circuncisión pueden ser calificadas como "violencia de género"? Explique cuál es la situación al respecto en EE.UU. (o en su país de nacimiento o residencia) y si actualmente existe algún debate al respecto en la sociedad estadounidense.

Notas

1. http://www.abeosheroff.org/.

2. http://www.memoriahistorica.gob.es/NR/rdonlyres/05A8266F-E313 -4785-A5D7-3F32E11B12AC/0/PublicacionLeyBoe.PDF.

3. Este texto aparece recogido, con acceso protegido, en http://www.revista proyectodecine.com/.

4. Este texto aparece publicado en la obra colectiva *El derecho internacional privado en el cine: Materiales didácticos para un sistema ECTS*, Universidade da Coruña, 2012.

5. Este texto aparece recogido, con acceso protegido, en http://www.revista proyectodecine.com/. Página *web* oficial del documental http://www.familia film.com/familia/FAMILIA.html; visionado gratuito del documental: http://www.snagfilms.com/films/title/familia/

6. http://www.ilo.org/wcmsp5/groups/public/—-ed_norm/—-relconf /documents/meetingdocument/wcms_157833.pdf.

7. Este texto aparece publicado en la obra colectiva *El Derecho Internacional Privado en el Cine. Materiales didácticos para un sistema ECTS*, Universidade da Coruña, 2012.

8. http://icsid.worldbank.org/ICSID/FrontServlet.

9. http://www.unctadxi.org/templates/DocSearch.aspx?id=779.

10. http://icsid.worldbank.org/ICSID/Index.jsp.

11. www.iisd.org/pdf/2005/investment_model_int_handbook_es.pdf.

12. http://www.iisd.org/publications/pub.aspx?id=1122.

13. http://noticias.juridicas.com/base_datos/Admin/lo1-2004.html.

Anexo

Respuestas

Capítulo 1

Ejercicio 2: escribano, asesoría, Seguridad Social, docencia, colegio, ejercicio, directorio, nómina, panelista, filantrópicas, egresó

Ejercicio 3: 1D, 2A, 3E, 4F, 5C, 6B, 7G, 8H

Ejercicio 4: 1B, 2A, 3C, 4D, 5B, 6C, 7B, 8A

Ejercicio 5: F, F, V, V, V, F, F, F, V, V

Capítulo 2

Ejercicio 2:

- patria, idioma, shuar, ancestrales, indígenas
- discapacidades, inclusión, exoneraciones, becas, esparcimiento
- jurisdiccionales, mujeres, respetadas, control, ordinaria
- soberanía, autosuficiencia, impulsar, unidades, dependencia
- acceso, minimice, sustentabilidad, igualdad, ley

Ejercicio 3: 6, 8, 12; 2, 9, 10; 4, 3, 7; 5, 1, 11

Ejercicio 4: 1B, 2C, 3A, 4C, 5B, 6A, 7D, 8D

Ejercicio 5: F, V, F, F, V, F, V, F, V, F

Capítulo 3

Ejercicio 2:

- contratar, representación, ratifique, contratante

- ausentes, aceptación, destinatario, presumirá, acuse de recibo

- obligue, voluntad, capaz, consienta, vicio, lícito, autorización

- bilateral, reclamar, ejecución, resolución

Ejercicio 3: 1D, 2E, 3A, 4H, 5F, 6G, 7C, 8B

Ejercicio 4: 1B, 2C, 3A, 4B, 5C, 6C, 7B, 8B

Ejercicio 5: F, V, V, V, V, F, F, F, V, F

Capítulo 4

Ejercicio 2: economía, valor, estabilidad, encaminar, pleno, aliciente, indispensables, distributivo, influir, empleo, anticíclica, riesgos, adopción, meta, horizonte, brecha, empíricos

Ejercicio 3: banco central, amortizar, aval, comisión, embargo, cuenta, transferencia, interés, hipoteca, rentabilidad

Ejercicio 4: 1B, 2C, 3A, 4C, 5A, 6C, 7A, 8B

Ejercicio 5: F, V, V, V, F, F, V, F, V, F

Capítulo 5

Ejercicio 2: libertad condicional, auxilio, prescripción, reprimido, instigare, aborto, incapacidad, duelo, lesión, desamparo, calumnia, corrupción, nulidad, morada, reunión, extorsión

Ejercicio 3: 1C, 2H, 3A, 4D, 5B, 6G, 7E, 8F

Ejercicio 4: 1D, 2A, 3B, 4A, 5C, 6C, 7B, 8A

Ejercicio 5: F, F, V, F, F, V, F, V, F, V

Capítulo 6

Ejercicio 2:

- identifica, propio, reconocido, soltera, solo
- capacidad, cumplido, catorce, capaces
- administrados, guardador, judicial, depositario
- absoluto, parientes, afinidad, conviviente, legalmente
- capitulaciones, bienes, emolumento, administración, extranjero
- causas, infidelidad, tratamientos, conyugal, luz, prostituir, infundada, disipación

Ejercicio 3: 1E, 2D, 3F, 4G, 5H, 6B, 7C, 8A

Ejercicio 4: 1B, 2C, 3D, 4C, 5D, 6C, 7C, 8D

Ejercicio 5: F, F, V, F, V, V, F, V, V, F

Capítulo 7

Ejercicio 2:

- ocasionalmente, establecer, recursos, permanencia, expirar
- permisos, término, comprobante, subsanarla
- múltiple, vigente, vencido, sanciones, cancelación
- ocupar, extranjeros, acredite, autorizado, sanción
- etnias, inocente, amenazas, depredación

Ejercicio 3: 1D, 2H, 3G, 4C, 5F, 6B, 7A, 8E

Ejercicio 4: 1D, 2C, 3C, 4A, 5D, 6A, 7B, 8B

Ejercicio 5: V, F, V, F, F, F, V, V, F, F

Capítulo 8

Ejercicio 2:

- persecución, asilo, judicial, delitos
- pensamiento, incluye, manifestar, privado, práctica
- gobierno, representates, funciones, pueblo, elecciones, universal, libertad
- derecho, elemental, instrucción, méritos, desarrollo, respeto, tolerancia, paz
- deberes, personalidad, libertades, limitaciones, satisfacer, orden, democrática

Ejercicio 3: 1E, 2A, 3B, 4H, 5G, 6F, 7D, 8C

Ejercicio 4: 1B, 2A, 3B, 4D, 5C, 6C, 7B, 8A

Ejercicio 5: F, V, F, F, V, F, F, V, V, V

Capítulo 9

Ejercicio 2: constitutiva, distribución, cláusula, capacidad, obligarse, mercadería, F.O.B., carta de crédito, beneficiario, conocimiento, imputable, moratorio, indemnización, aptas, libres, gravamen, cerciorado, exonera, notificar, plazo, conformidad

Ejercicio 3: 1C, 2A, 3D, 4B, 5F, 6H, 7G, 8E

Ejercicio 4: 1C, 2A, 3B, 4C, 5D, 6B, 7D, 8C

Ejercicio 5: F, F, V, F, V, F, F, V, F, V, F, F

www.ingramcontent.com/pod-product-compliance
Ingram Content Group UK Ltd.
Pitfield, Milton Keynes, MK11 3LW, UK
UKHW030623130425
457319UK00001B/25